CLASSIC BROWN
클래식 브라운

단숨에 이해하는

# 군주론

NICCOLÒ MACHIAVELLI

단숨에 이해하는

# 군주론

**김경준** 지음

생각정거장

## 왜 지금 《군주론》인가

시간은 모든 것을 파괴한다.

한 시대를 지배했던 사고방식도 시간이 흐르고 환경이 바뀌면 유물로 전락한다. 하지만 고전은 시간을 거슬러 오랫동안 살아남는다. 그것은 시대가 변해도 변하지 않는 인간 세상살이의 본질과 맞닿아 현재성을 유지하고 있기 때문이다.

고대 그리스인들은 시간을 크로노스Chronos와 카이로스Kairos로 구분했다. 크로노스는 객관적인 시간으로, '절대적 양'의 개념이다. 반면 카이로스는 주관적 시간으로, 인간이 현실에 참여하여 만들어내는 '상대적 질'의 개념이다.

크로노스는 하루 또는 한 달처럼 객관적으로 흘러간다. 하지만 카이로스는 상황에 따라 천천히 가기도 하고 급속히 흐르기도 하며 때론 역류한다. 큰 의미 없이 반복될 뿐인 100년이 있는가 하면 인류사의 분기점이 되는 한 달도 있다.

역사와 고전에서의 시간 개념은 카이로스다. 객관적으로 주어진 시간에 인간들이 참여해 상호작용으로 만들어가는 사건들의 연속과 그 결과물들이 역사다. 그리고 카이로스의 시간을 따라 살아간 인물의 사상과 관점이 담겨 후세인들의 세계관과 가치관에 영향을 끼치고 끊임없이 재해석되는 저작이 고전이다.

오늘날 우리는 평범한 일상에서도 스마트폰을 사용해 지구 반대편의 친구와 이야기하고, 먼 나라의 소식을 실시간으로 접하며, 태평양을 건너온 식재료로 음식을 만든다. 불과 수십 년 전만 해도 상상하기 어려웠던 생활환경이다. 하지만 동시에 수천 년 전에 성립된 세계관과 인생관에 공감하고 이를 삶의 지표로 삼기도 한다. 인쇄물은 고사하고 종이와 연필도 없던 2,000여 년 전에 쓰인 《논어》, 《맹자》, 《사기》, 《불경》, 《성경》 등이 동시대인들에게 끊임없이 재해석되면서 새로운 생명력을 얻고 공감대를 확장하는 배경이 여기에 있다.

《군주론》도 마찬가지다. 《군주론》은 500여 년 전 르네상스 후기, 정치적 혼란에 빠져 있던 이탈리아 도시국가 피렌체의 실무 외교관이 쓴 자기소개용 팸플릿이다. 이 책이 21세기 지구 반대편에서 살아가는 우리에게 재해석되는 이유는 바로 시대와 공간을 뛰어넘어 오늘날 우리 삶의 본질과 맞닿아 있기 때문이다. 모든 고전이 그러하듯《군주론》역시 오랜 시간이 흘러도 변하지 않는 인간과 세상의 본질을 통찰하고 있기에 고전의 반열에 올랐다.

보통 고전이라고 하면, 직접 접해 명확히 이해한 사람들은 물론 대략적으로 제목 또는 내용 일부만 알고 있는 대부분의 사람들 역시 좋은 인상으로 이야기하게 마련이다. 물론 내용 자체에 대한 공감도 있겠지만, 일종의 허위의식虛僞意識이 작용하는 경우도 많다. 소위 명망가나 지식인들이 거론하는 '인생에 영향을 끼친 책'에서 적당한 품격과 과시의 냄새가 나는 이유이기도 하다.

반면《군주론》의 경우는 좀 다르다. 대개 읽지도 않고 비난부터 하곤 한다. 섣부른 고정관념으로 '목적달성을 위해서는 수단방법을 가리지 않는 마피아 철학' 정도로 간단히 폄하해 버린다. 심지어 직접 읽고 내면적으로 공감한 경우에도 공개적으로《군주론》을 언급하는 경우는 드물다.

이는《군주론》에 담겨 있는 '불편한 진실' 때문이다. 인간이라면 누구나 타인에게 착하고 정의롭고 공정하게 보이고 싶어 하는 허위의식이 어느 정도 잠재해 있기에 나타나는 현상이다. 특히 입으로는 정의와 진리를 내세우면서 몸으로는 반대 행동을 하는 이중적 존재들에게 《군주론》은 그야말로 통렬한 아픔이다.

16세기 유럽에서 정치와 종교가 합체된 절대권력을 누리며 부패했던 가톨릭교회는 1559년 공포된 금서목록에 1532년 정식 출판된 《군주론》을 비롯해 마키아벨리의 모든 저작물을 포함시켰다. 마키아벨리는 교회의 권위와 교황의 종교적 주도권을 부정하지는 않았지만, 지역을 지배하는 세속권력으로서 교황과 고위성직자들의 무능, 탐욕, 타락에는 비판적이었다. 1517년 시작된 루터의 종교개혁으로 교황권 자체가 흔들리고 전 유럽이 내전으로 치닫는 상황에서 교회 측으로선 마키아벨리의 글을 용납하기 어려웠다.

이후 니콜로 마키아벨리에서 딴 '니콜로 영감쟁이'라는 말은 곧 악마를 의미할 정도로 부정적 이미지가 덧씌워졌다. 《군주론》이 내용의 본질과 무관하게 폄하되는 시발점이다. 이후 계몽군주 프로이센의 프리드리히 2세, 프랑스 황제 나폴레옹, 소련 공산주의 혁명가 레닌, 쿠바의 카스트로조차 《군주론》을 탐독하고 공감하면서도 드러내지는 않았다.

만약 마키아벨리의 《군주론》이 '이유 불문한 생존'을 지상최고의 과제로 삼는 저급한 현실론에 머물렀다면, 500여 년간의 그토록 혹독한 비난을 이겨내고 당당히 고전의 반열에 오르기 힘들었을 것이다. 《군주론》의 핵심은 '숭고한 이상을 실현하기 위해서는 냉혹한 현실을 다룰 줄 알아야 한다'는 차원 높은 현실론이자 진정한 이상론이다. 그렇기에 이 책은 고전이 되었고, 오늘날 우리에게도 생명력 있는 메시지를 던진다. 《군주론》은 불편한 진실을 마주 대할 수 있는 삶의 실질적 경험과 내면적 성찰에 더해, 현실을 직시할 수 있는 용기가 있으면 공감할 수 있는 통찰로 가득하다.

개인적으로 지금까지 접한 책 중 한 권을 꼽으라면 단연 《군주론》이다. 수많은 고전들이 있지만 이상理想에 대한 엄숙한 선언은 많아도 진상眞相에 대한 용기 있는 통찰은 의외로 드물다.

마키아벨리는 백면서생 학자가 아니었다. 엄혹한 현실에서 약소국 피렌체의 생존을 도모하는 일선 외교관의 경험으로 《군주론》의 뼈대를 세운 것이다. 나 자신도 마키아벨리처럼 실제 현장에서 몸으로 부딪히며 살아왔기에 그나마 50세를 바라보는 나이에 이르러서야 《군주론》의 진가를 느낄 수 있었다고 자평한다.

《군주론》은 팸플릿 정도의 분량이지만 당시의 특정한 시대적 사건들을 언급하는 부분이 많고 구성이 산만하여 실제로 통독하면 이해되지 않는 대목이 많다. 본서는《군주론》의 순서에 따라 주요 내용을 발췌하고, 그 의미를 해석하는 방식으로 기술했다. 독자들은 기업경영과 개인의 처세에 있어서도 큰 시사점을 얻을 수 있을 것이다. 마키아벨리 《군주론》의 진면목을 이해하는 좋은 계기가 되기를 바란다.

김경준

Contents

## 헌정사 마키아벨리, 경험과 지식을 헌정하다

: 로렌초 데 메디치 전하에게 올리는 글

"

군주의 은총을 받고자 하는 사람은 자신이 가진 것 중에서 가장 소중히 여기는 것이나 군주가 받고 가장 기뻐할 만한 것을 가지고 군주를 찾아 가는 것이 일반적입니다. 그런 까닭에 군주는 말, 무기, 비단, 보석, 그 밖의 군주의 위엄에 어울릴 만한 장신구들을 선물로 종종 받습니다. 저 또한 전하에 대한 충성의 표시로 무엇인가를 드리고 싶었습니다. 그러나 제가 소유한 것 중에는 현재 일어나는 일들에 대한 오랜 경험과, 고대인들을 꾸준히 탐구함으로써 알게 된 위대한 인물들의 행적에 대한 지식이 가장 귀중하다는 것을 깨닫게 되었습니다. 이제 저는 그러한 것들을 오랜 동안 성찰한 뒤, 한 권의 작은 책으로 정리해 전하께 바치려고 합니다.

> 전하께서는 부디 저의 의도를 헤아려 보잘 것 없는 이 선물을 받아주십시오. 이 책을 받아 곰곰이 읽으신다면, 전하에 대한 저의 충정을 알게 될 것입니다. 그리고 저 높은 곳에 계신 당신이 가끔 이 낮은 곳으로 눈을 돌리시면 제가 얼마나 지속적이고 엄청난 불운으로 고통 받는지를 아시게 될 것입니다. ”

《군주론》은 마키아벨리가 44세에 현직에서 밀려난 후 복귀를 염두에 두고 절치부심하면서 집필한 일종의 '제안서'다. 당시 피렌체를 실질적으로 지배하던 메디치 가문 상속자의 눈에 들고자 노력한 대목이 곳곳에 엿보인다. 향후 군주의 위치에 오를 젊은 귀족에게 자신의 경험을 집약한 일종의 '군주 가이드북'인 셈이다.

헌정사에서 '당신이 가끔 이 낮은 곳으로 눈을 돌리시면'이라는 표현을 쓸 정도로 전직 외교관의 궁박한 처지를 절실히 호소하였지만, 정작 당사자인 로렌초는 《군주론》을 읽어보지도 않았다고 전해진다. 결국 마키아벨리의 복귀는 이루어지지 않은 채 1527년 58세로 사망하고 만다.

그러나 현직에서 퇴출된 초라한 전직관료 마키아벨리는 위대한 작가로 재탄생한다. 《군주론》을 비롯하여 《정략론》, 《전술론》, 《피렌체 역사》와 같은 명저가 은퇴 이후 14년 동안 쓰였다.

니콜로 마키아벨리는 1469년 피렌체에서 출생했다. 아버지 바르톨로메오는 변호사였지만 평민이고 부유하지는 않았다.

귀족출신도 아니고 배경도 빈약한 마키아벨리였지만, 타고난 재능을 인정받아 29세 때인 1498년 피렌체 공화국 제2사무국의 서기관에 발탁되었다. 또 피렌체 공화국의 외교안보담당 핵심조직인 10인 위원회의 비서로도 임명되어 이후 현직에서 물러나는 1512년까지 15년 동안 피렌체의 외교 최일선에서 근무하게 된다.

마키아벨리가 활동했던 시대는 요즘 식으로 표현하자면 '패러다임 변환의 시기'라 할 수 있었다. 유럽의 주도권이 이탈리아 도시국가에서 대륙 영토국가로 이동하기 시작한 때였다.

1291년 십자군 전쟁이 끝나면서 300년 동안 이탈리아 도시국가의 전성기가 이어진다. 14세기 후반에는 이탈리아 반도 중부의 교황령이 종교적 권위를 기반으로 강력한 세속국가의 입지를 확보한다. 또한 지중해 제해권을 확보한 베네치아와, '교황청 공식은행'이라는 지위를 바탕으로 교황까지 배출한 피렌체의 메디치 가문이 세력을 떨친다.

그러나 지중해 교역에 기반한 이탈리아의 번영은 대항해 시대의 개막으로 내리막길을 걷게 된다. 당시 신생국 에스파니아가 후원한 제노바 사람 콜럼버스는 1492년 신대륙을 발견했고, 변방국 포르투갈의 바스코 다 가마는 1498년 아프리카를 돌아나가는 인도항로를 개척했다. 오스만투르크의 메메드 2세는 1453년 비잔틴 제국을 멸망시키고 베네치아의 지중해 제해권에 도전하였고, 1571년 레판토 해전에서 기독교 연합군에 패퇴하기까지 일촉즉발의 긴장 상태가 이어졌다.

경제지형의 변화는 정치지형의 변화로 이어져 중앙집권체제의 통일영토국가로 변모한 에스파니아, 프랑스, 오스트리아가 부상하게 된다. 이로 인해 이탈리아 도시국가들의 정치적 입지는 급격히 축소되었다.

당시 마키아벨리의 조국인 피렌체는 극심한 정치적 혼란을 겪고 있었다. 피렌체에선 메디치 가문의 코시모가 1434년 권력을 잡은 이후 1494년 프랑스의 샤를8세에 의해 붕괴되기까지 4대에 걸쳐 60년간 메디치의 시대가 이어지고 있었다. 실질적 군주 메디치는 정치·사회·문화를 주도했으나, 국가원수의 공식적 지위는 갖지 않은 참주정치僭主政治, 하층 민중의 지지를 얻어 무력으로 정권을 장악한 후 독재 정치를 펴는 것 형태로 피렌체를 통치하였다. 메디치의 통치는 세련되었으나 새로운 시대를 열어가지는 못한 채 르네상스 시대의 현상유지 정책에 머물러 있었다.

이런 와중에 메디치 가문의 4대 후계자인 피에로의 무능까지 겹쳐 메디치 정권은 붕괴되었다. 그리고 베네치아를 본뜬 공화정이 수립되었지만 정국은 안정되지 않았다. 마키아벨리는 '바람 앞의 등불' 신세였던 피렌체 공화국의 외교관이 된다. 르네상스 시대의 예술계 거장들인 미켈란젤로, 레오나르도 다 빈치가 활동하던 문화중심지였지만, 내부분열이 극심하고 자체 군대도 없어 외교와 용병에 안보를 의존하고 있었다.

마키아벨리는 외교의 최일선에서 각국을 돌아다니며 정열적으로 활동하였으나 본의 아니게 44살이 되는 1512년 공직생활을 마치게 된다. 피렌체에 정변이 일어나 메디치 가문이 복귀하면서 공화국의 관료 마키아벨리가 퇴출된 것이다.

활동기에 실업자가 된 마키아벨리는 공직복귀의 길을 모색하면서 《군주론》을 집필하여 메디치 가문의 떠오르는 젊은 피였던 로렌초 메디치에게 헌정했으나 정작 당시에는 저서가 빛을 발하지 못한 채 사장되었다.

제1장 # 군주국이란

: 군주국의 종류와 그것이 생기는 과정

"

예부터 지금까지 인간을 지배해온, 그리고 지배하고 있는 모든 국가나 모든 통치체제는 공화국 아니면 군주국입니다. 군주국들은 통치자가 오랜 동안 하나의 가문에서 이어져온 세습 군주국이거나 신생 군주국입니다.

영토를 획득하는 방법에는 타인의 무력을 이용하는 경우와 자신의 무력을 사용하는 경우가 있으며, 또한 운명에 의한 경우와 능력에 의한 경우가 있습니다.

"

신체능력에서 취약한 호모 사피엔스가 지배적 종으로 진화할 수 있었던 기본적 역량은 지능과 협동능력이다. 개별적 지능이 협동을 통해 집단적 역량으로 결집되어 개체의 생존성을 높였기에 자연스럽게 공동생활이 시작되었다. 군집생활을 하는 생물들은 분업과 위계질서를 가진다. 개미, 꿀벌에서부터 들개와 사자에 이르기까지 암수, 연령, 역량에 따라 역할이 정해지고 시간의 흐름에 따라 변화한다.

마키아벨리의 지적처럼 인간들이 모여 형성한 공동체의 정치구조를 보면, 본질적으로 공화국 아니면 군주국이다. 공화제의 핵심은 지도자의 선출과 임기 및 법치의 수준이고, 군주제는 세습과 왕권의 범위에 있다.

선사시대의 공동체는 원시적 공화제로 출발했을 것이다. 하지만 규모가 커지고 세대가 이어지면서 자연스럽게 유력한 가문이 생겨났을 것이고, 이 가문이 전쟁과 같은 특정한 계기를 맞아 세습적 군주로서 지위를 확보한다.

역사시대에 들어서 고대 그리스 도시국가의 민주정, 로마 중기의 공화정이 출현했으나 대세는 군주국이었다. 이후 서유럽 르네상스 시기에는 베네치아가 대표적 공화정으로 꼽힌다. 20세기 초반 제1차 세계대전 이후 군주국은 급감했고, 남아 있다 해도 영국처럼 군주국의 외양만 남긴 실질적 공화정인 경우가 많다. 반면 동양에서는 19세기까지 군주정이 대세였다.

과거에는 전쟁이라는 '무력'에 의한 영토획득도 있었지

만, 상속과 혼인 즉 '운명'을 통한 영토획득도 있었다. 당시 유럽의 국가는 기본적으로 특정가문의 소유물이라고 인식되었다. 상속과 혼인에 따라 국경선이 변하고 신생국가가 탄생했다.

오스트리아 제국의 합스부르크 왕가는 영토와 세력확장을 위해 혼인을 가장 적절히 활용한 사례다. 10세기 스위스 북부의 군소영주에서 시작해 16세기 전반에 이르러서는 신성로마제국의 황제로서 중부유럽의 본거지를 포함해 벨기에, 네덜란드, 룩셈부르크와 에스파니아로 세력권을 넓히게 된다. 이 과정에서 정략결혼은 매우 주요한 수단이었다.

이처럼 합스부르크는 유력가문 간의 혼인이 가져오는 장점을 잘 활용했지만, 불가피하게 그 대가도 치러야 했다. 제국분할의 소지를 없애기 위해 근친혼 정책을 유지한 결과 자손들은 일종의 유전병에 시달린다. 허약한 신체와 함께 합스부르크 립Hapsburger Unterlippe이라고 불리던 주걱턱이 두드러진 것이다. 단순한 미관의 문제가 아니라 아래위 치아 교합이 맞지 않아 음식을 제대로 씹을 수 없는 경우가 많았고, 에스파니아 왕 카를로스 2세(1661~1700)는 모든 음식을 갈아서 먹어야 했다.

# 제2장 상속자의 프리미엄
## : 세습 군주국

세습 군주국은 신생 군주국보다 수월하게 유지될 수 있습니다. 왜냐하면 자신의 지위를 유지할 수 있을 평균 정도의 능력을 소유한 군주의 경우, 어떤 의외의 아주 강력한 세력에 의해 나라를 빼앗기지 않는 한 선조부터 이어진 기존의 질서를 유지하면서 불의의 사태에 적절히 대처하는 것만으로도 국가를 유지할 수 있기 때문입니다.

세습 군주는 신생 군주에 비해 민중을 괴롭힐 이유가 많지 않습니다. 그런 이유로 세습 군주는 민중에게 더 많은 사랑을 받습니다.

선대로부터 물려받은 통치자는 일단 프리미엄을 가지고 시작한다. 선대로부터 쌓아온 평판을 기반으로 정통성을 일단 확보하기 때문이다. 기본적으로 시간의 함수인 정통성은 세대를 이어오면서 역사, 일화, 종교 등을 통해 자연스레 강화되기 마련이다. 이러한 선대로부터의 후광 덕에 상속자들은 기본적 역량만 있어도 신민臣民, 군주국에서 백성을 가리키는 말이다. 주권을 가지지 못한다는 점에서 시민과 구분된다들에게 안정감을 주고 존중받으면서 정통성을 부여받는다. 이는 현상을 유지하는 데 매우 좋은 환경이다. 급격한 정세변화와 돌발적 사태에 대처하면서 시대정신으로 미래를 개척하는 것은 또 다른 차원의 문제다.

이는 집단생활을 하는 동물들에게서도 공통적으로 관찰되는 현상이다. 들개, 하이에나, 침팬지 등 내부 위계질서가 분명한 공동체에서 부모의 강력한 지위는 자식에게도 프리미엄으로 작용한다.

## 제3-1장 새로 편입한 국가를 통치하는 두 가지 방법
: 복합 군주국

"

정말 어려운 문제들은 신생 군주국에서 발생합니다. 첫째, 종래에 있던 군주국에 병합되어 생긴 군주국일 경우 그 군주국에서 발생하는 변화들은 모든 신생 군주국이 겪을 수밖에 없는 선천적인 문제에서 생깁니다. 민중들은 자신들의 처지를 개선할 수 있다고 믿으면 지배자를 바꾸려 하고, 이러한 믿음은 그들로 하여금 무기를 들고 지배자에게 저항하도록 만듭니다.

하지만 민중의 이러한 생각은 잘못된 것입니다. 왜냐하면 사람들은 경험하고서야 비로소 자신들의 상황이 전보다 악화되었음을 알게 되기 때문입니다. 이러한 상황은 또 다른 필연성에서 비롯한 결과인데, 군주는 군대를 통해 그리고 점령하는 과정에서 발생하는 무수히 많은 압제를 통해 신민으로 새롭게 편입된 사람들에게 피해를 줄 수밖에 없기 마련입니다.

이런 이유로 군주는 국가를 정복하면서 피해를 준 모든 사람들을 적으로 만듭니다. 다른 한편으로는 자신을 지원한 사람들을 그들이 기대한 만큼 만족시킬 수 없기 때문에, 그들의 호의를 계속 유지할 수 없는 상황에 직면하게 됩니다. 그렇다고 자신에게 은혜를 베푼 자들에게 강력한 대응책을 쓸 수도 없습니다. 따라서 신생국의 군주는 강한 군대가 있어도, 새로운 곳을 점령하기 위해서는 그곳 주민들의 지원이 필요합니다.

반란을 일으킨 곳을 다시 정복한 경우, 그곳은 좀처럼 쉽게 잃지 않습니다. 군주는 이전의 반란을 빌미로 하여 반역자를 처벌하고 용의자를 찾아내며 자신의 결함을 고치고 권력을 강화할 것이기 때문입니다.

우선 말할 수 있는 점은 정복자가 획득한 새로운 영토를 본국에 병합할 경우, 두 곳이 같은 지역이며 동일한 언어를 사용하고 있는가에 따라서 (지속적으로 유지할 수 있는지 여부가) 달라진다는 사실입니다. 만약 동일한 지역이며 동일한 언어를 사용하는 곳이라면 그 영토를 장악하는 것은 매우 쉬운 일입니다. 게다가 그곳이 자치에 익숙하지 않은 곳이라면 더욱 간단합니다. 그곳을 지배했던 이전 군주와 그 가족을 없애는 것만으로 충분합니다. 그 밖의 다른 것들에 대해 주민들이 예전의 방식을 유지할 수 있고 관습의 차이가 없다면 두 곳의 사람들은 평온한 삶을 유지할 수 있기 때문입니다.

따라서 그러한 새로운 영토를 병합해 유지하고자 한다면 다음의 두 가지 사항을 숙고해야 합니다. 첫째는 예전에 통치하던 군주와 그의 가문을 없애는 것입니다. 둘째는 새로운 영토에서 그동안 유지된 법률이나 조세를 바꾸지 않는 것입니다. 이렇게 함으로써 새로운 영토와 기존 군주국은 빠른 시일 내에 한 몸처럼 통합될 것입니다.

그러나 언어, 관습, 제도가 다른 지역을 병합하게 되면 여러 가지 문제가 발생하며 이를 유지하는 데 대단히 많은 행운과 노력이 필요합니다. 이 경우 가장 효과적인 최선의 해결책은 정복자가 그 지역에 가서 거주하는 것입니다.

만약 그렇지 않으면, 사고가 일어나 해결이 불가능할 때가 되어서야 비로소 사태의 심각성을 알게 됩니다. 더욱이 군주가 직접 그 지역에 거주하면 관리들은 새롭게 신민으로 편입된 주민들을 함부로 약탈하지 못할 것입니다. 또 주민들은 무슨 일이 있을 때 군주에게 직접 호소할 수 있기 때문에 만족할 것입니다. 그 결과 주민들은 군주에게 헌신할 것이며 다른 뜻을 품은 자들은 군주를 두려워하게 될 것입니다. 또한 그러한 국가를 공격하려는 외부 세력은 누구라도 매우 신중을 기하게 될 것입니다. 이 모든 점을 고려할 때, 새로운 영토에 거주하여 직접 통치하면 그 영토를 결코 쉽게 잃지 않을 것입니다.

다른 해결책은 정복한 영토의 거점이 될 만한 한두 곳에 식민지를 건설하는 것입니다. 그렇지 않으면 대규모의 기병과 보병을 주둔시켜야 합니다. 식민지는 비용이 거의 들지 않습니다. 설령 든다고 해도 아주 적은 비용으로 식민지를 건설하고 유지할 수 있습니다. (이 경우) 새로운 이주민에게 주기 위해 경지와 집을 빼앗기는 사람들이 생기지만, 이런 사람들은 전체 주민에 비하면 소수입니다.

신생 군주국이란 왕조의 창업이며, 복합 군주국이란 기존 왕조가 다른 왕조 소유의 권역을 편입한 경우다. 신생 군주는 자신의 역량으로 창업했을지라도 당장은 정통성 부족과 구세력의 반발이라는 현실에 직면하게 되고, 복합 군주국은 편입된 영역에서 마찬가지 문제에 봉착한다.

이는 동서고금을 막론하고 정치권력이나 세력권의 변동이 있을 때 언제나 발생하는 상황이다. 군주가 수립하는 새로운 질서가 궁극적으로는 공동체 전체를 번영으로 이끌지라도 실행과정에서의 갈등과 반발은 필연적이다. 군주는 신규로 편입된 사람들의 반감과, 보상을 기대하는 지지자들의 요구 사이에서 진퇴양난에 빠진다.

즉 기존 틀 안에서는 무력을 사용하지 않고 개혁의 형태로 질서변화가 가능하지만, 신생 군주국의 탄생이나 기존 군주국의 확대와 같은 새로운 질서의 수립은 대개 무력을 수반하기 마련이다. 어려움을 타개하기 위해 군주는 무력으로 자신의 의지를 관철시키면서 주민의 지지를 얻어 장기적으로 기반을 확대해야 한다.

신질서를 수립하는 데 있어 무력은 필요조건이고 주민의 지지는 충분조건이다. 따라서 초기에 국지적 반란을 단호하게 진압해 질서를 잡으면서, 기존 주민들의 지지를 얻어야 안정화 단계로 들어설 수 있다고 본다. 중국 공산당 지도자였던 마오쩌둥毛澤東의 "권력은 총구에서 나온다槍杆子裏面出政權"는 말은 핵심을 찌른 것이다.

편입된 지역 언어와 풍습의 격차에 따라서 두 가지로 구분하여 접근한다. 공통부분이 큰 경우 과거 핵심세력을 인적으로 청산하되 법률, 조세와 같은 제도는 유지하여 통치자는 교체되었어도 신민들의 일상생활에 큰 변화가 없도록 하면 무난하게 통합할 수 있다.

반면 언어 문화적 차이가 큰 경우는 통치자가 편입지역으로 이주하여 직접 몸으로 부딪혀야 한다고 강조한다. 즉 민감하고 어려운 시기에 리더가 현장으로 직접 뛰어들어 주민들과 같이 호흡하면서 문제를 직접 파악하고 해결해 나가야 리더십이 확보된다고 보는 것이다. 이는 불안정한 현지상황을 가까이서 모니터링하고 유사시 신속히 대처할 수 있는 이점도 있다.

복합 군주국에 대한 관점은 오늘날 조직의 편입이나 기업 M&A에 적용할 수 있는 교훈이다. 기존 조직이 새로운 조직을 편입했을 때 리더가 관리해야 할 핵심요소를 나타내고 있다.

# 제3-2장 다정히 안아주거나 짓밟거나

: 복합 군주국

"

인간들이란 다정하게 안아주거나 아니면 아주 짓밟아 뭉개버려야 합니다. 왜냐하면 인간이란 사소한 피해에 대해서는 보복하려 들지만 엄청난 피해에 대해서는 감히 복수할 엄두를 못 내기 때문입니다.

자신의 국가와 다른 나라를 통치하려는 군주는 작은 이웃 세력들의 수장이자 보호자가 되어야 합니다. 군주는 그중에서 가장 세력이 강한 자의 힘을 약화시키고, 자신과 권력이 대등한 외부 세력이 그 지역에 들어오지 못하도록 경계해야 합니다. 불필요한 야망이나 두려움으로 불만을 가진 세력들이 외부인을 끌어들일 수 있기 때문입니다.

일반적으로 강력한 세력을 가진 어느 군주가 외부에서 침입해오면, 그 지방의 모든 약소 세력은 자신들을 지배하던 군주에 대한 원한으로 침략자 주변에 모여듭니다. 그래서 침략자는 손쉽게 약소 세력들을 자기편으로 만들 수 있습니다. 약소 세력들은 그 지방을 정복한 새로운 권력에 재빨리 결탁하고자 하기 때문입니다.

현명한 군주는 눈앞에 보이는 일만이 아니라 먼 장래에 있을 분쟁까지도 배려해야 하며, 모든 노력을 기울여 이에 대처해야 합니다. 위험이란 미리 알면 쉽게 대책을 세울 수 있지만, 코앞에 닥쳐올 때까지 그냥 보고만 있으면 그 병은 악화되어 불치병이 됩니다.

로마인들은 재난을 미리 예견할 수 있었기 때문에 항상 대책을 강구할 수 있었습니다. 또 전쟁을 피하기 위해 화근을 그냥 두지 않았습니다. 왜냐하면 전쟁은 피할 수 없는 것이며 망설이다 보면 오히려 적을 이롭게 하는 것임을 잘 알고 있었기 때문입니다.

더욱이 로마인들은 우리 시대의 현인들이 말하는 "기다리면서 이익을 취하라"라는 격언을 따르지 않았습니다. 대신 그들은 자신들의 능력과 현명함으로 얻을 수 있는 이익을 취하고자 했습니다.

영토를 확장하고자 하는 욕구란 매우 자연스럽고 당연한 것입니다. 따라서 능력 있는 자가 이를 수행할 때 그는 칭찬을 받으면 받았지 비난을 받지는 않습니다. 그러나 능력도 없는 자가 어떤 희생을 치르고라도 그것을 손에 넣으려 한다면 이는 잘못된 일로 비난을 받아 마땅합니다.

이러한 사실에서 거의 항상 유효한 일반 원칙을 찾을 수 있습니다. 타인이 강력해지도록 도움을 주는 자는 자멸을 자초한다는 사실입니다. 타인의 세력은 도움을 준 자의 술책과 힘으로 강력해지는데, 일단 강력해지면 (도움을 준 자의) 이 두 가지 수단을 두려워하기 때문입니다.

불편한 진실이다. "다정하게 안아주거나 아니면 아주 짓밟아 뭉개버려야 합니다. 인간이란 사소한 피해에 대해서는 보복하려 들지만 엄청난 피해에 대해서는 감히 복수할 엄두를 못 내기 때문"이라는 대목을 보자. 이상적 인간의 당위론을 주장하기보다 실제로 존재하는 인간의 본성을 꿰뚫는 마키아벨리의 특성이 여실히 드러난다.

물론 새로운 질서를 확립하는 통치자의 입장에서 신민들과 우호적인 관계를 구축하기 위해 노력하고 사소한 갈등으로 피로감을 가중시키는 일은 피해야 할 것이다. 하지만 근간을 흔들 수 있는 반발에 단호히 대처하고 회복불능의 타격을 가하여 초기 질서를 확립하는 것은 명확한 임무다.

개인이나 조직이나 서로 간의 입장 차이에 따른 갈등은 상존한다. 이를 대화를 통한 합의로 해소할 수 있다면 바람직하겠지만, 충돌이 불가피하다면 주저하지 않고 행동에 나서서 분명하고 확고한 승리를 거두어야 한다. 어설픈 봉합은 결국 후일 더 큰 충돌로 이어질 뿐이다.

16세기 초 이탈리아는 교황령, 베네치아 공화국, 밀라노 공국, 피렌체 공화국, 나폴리 왕국의 5대 세력에 페라라 공국, 만토바 후국, 시에나 공화국 등 기타 군소세력이 각축하고 있었다. 이러한 상황을 활용하여 프랑스, 에스파니아, 오스트리아는 합종연횡하면서 이탈리아에 영향력을 높이려고 했다.

《군주론》에서는 군사적 우위를 선점했음에도 정치적 확장에 실패한 프랑스 루이12세(1462~1515)의 이탈리아 원정을 사례로 들고 있다. 1498년 왕위에 오른 후 할아버지 루이 1세의 연고를 명분으로 밀라노 통치권을 요구하여 1499년 루도비코 스포르차를 축출하고 12년 동안 지배하였다. 이탈리아 북부의 강자 베네치아 공화국을 제압하기 위하여 1508년 교황 율리우스 2세, 신성로마제국 막시밀리안 1세, 에스파니아 아라곤 왕 페르난도 2세와 함께 캉브레 동맹을 조직하여 베네치아를 공격한다.

1509년 아냐델로 전투에서 승리하였으나, 프랑스의 영향력 확대를 우려하기 시작한 교황은 베네치아와 내통하고 신성로마제국, 아라곤 왕국, 잉글랜드 왕국까지 참가시킨 신성동맹을 구성하여 압박한다. 결국 프랑스는 이탈리아에서 밀려나기 시작했고 1513년 교두보였던 밀라노마저 상실했다.

이 과정에서 루이 12세는 밀라노 지배권 획득 이후 피렌체, 제노바, 만토바, 페라라 등 프랑스의 영향력 아래로 들어온 지역을 후원하고 교황과 베네치아 세력으로부터 보호하여 지역을 안정시켜야 했다. 그러나 경솔하게 교황 알렉산데르 6세의 로마냐 지방 정복을 지원하는 역행위를 하면서 결과적으로 적국이었던 베네치아와 우방이었던 교황의 내통과 배신으로 물러나야만 했던 것이다.

당시 마키아벨리는 피렌체의 외교관으로 활동하고 있었고, 1500년 프랑스를 끌어들인 피사전쟁 실패의 수습을 위해 프랑스 궁정에 파견되었다. 당시 실력자였던 당부아즈 추기경과의 회담에서 추기경이 "이탈리아인은 전쟁을 할 줄 모른다네"라고 말하자 마키아벨리가 "프랑스인은 정치를 할 줄 모릅니다"라고 응답했다는 일화가 《정략론》에 실려 있다. 이어서 "프랑스인이 만약 정치가 무엇인지 알고 있다면 로마교회를 강력하게 만드는 데 이렇게 큰 힘을 빌려주지 않을 것이다"라고 평가한다.

역사적으로 오랫동안 유지된 강력한 세력은 모두 강력한 동맹관계에 기반하고 있었다. 고대 로마가 대표적인 사례다. 고대 로마는 전쟁에 이긴 후 패전국을 식민지로 만들지 않았다. 동맹을 통한 네트워크 확장의 개념으로 접근한 것이다.

로마동맹의 힘은 한니발이 이탈리아를 침략한 제2차 포에니 전쟁에서 분명히 드러난다. 카르타고의 명장 한니발은 동맹 자체를 와해시키기로 결심하고 기원전 218년 대군을 이끌고 알프스를 넘어 이탈리아 북부에 도착했다. 기원전 216년 로마 동맹군 8만 7,000명은 카르타고군 5만 명과 이탈리아 남부 칸나이 평원에서 격돌했다. 단 하루만에 로마군 7만 명이 전사하고 1만 명이 포로가 되었으나, 한니발 군대의 전사자는 5,500명에 불과했다. 이탈리아 남부를 사실상 점령한 카르타고 군은 10년간 로마전역을 휘젓고 다니면서 로마동맹을 와해시키려 노력했으나 결국 실패했다.

로마동맹의 장점은 고대 그리스를 제패한 스파르타와 명확하게 대비된다. 그리스반도에 산재해 있는 도시국가들의 주도권 경쟁은 결국 육지세력 스파르타와 해양세력 아테네의 대결로 압축됐다. 기원전 404년 27년간 계속된 펠로폰네소스 전쟁에서 승리를 거둔 스파르타는 그리스반도의 패권을 확립했지만 오래가지 못했다. 마키아벨리는 《로마사 논고》에서 스파르타의 방식을 이렇게 평가했다.

"가느다란 나무줄기가 커다란 가지를 지탱하는 것이 가능하지 않은 것처럼 작은 국가도 크고 강한 도시나 왕국을 보유할 수 없다. 만일 그렇게 된다면 몸통보다 큰 가지를 힘겹게 지탱하다가 미풍에도 부러지는 나무와 같은 수난을 겪게 될 것이다.”

## 제4장 전제군주국 복속이 더 쉽다

: 알렉산드로스 대왕이 정복한 다리우스 왕국에서 대왕의 사후에도 반란이 일어나지 않은 이유

"

새로 정복한 영토를 유지할 때 갖게 될 어려움을 고려하면, 다음과 같은 사실에 놀라게 됩니다. 알렉산드로스 대왕은 불과 몇 년 만에 아시아의 지배자가 되었지만, 지배자가 된 지 얼마 지나지 않아 세상을 떠났습니다. 그런 곳에서는 반란이 일어날 수 있는데, 알렉산드로스 대왕의 후계자들은 나라를 유지했습니다.

모든 군주국은 두 가지 형태로 통치되었습니다. 하나는 한 명의 군주가 그의 호의와 승인에 의해 대신이 되어 국정을 보좌하는 종복들의 도움을 받아 통치하는 형태이며, 다른 하나는 군주가 혈통의 세습으로 그 지위를 차지하고 있는 봉건 제후들과 함께 통치하는 형태

입니다.

한 명의 군주와 그의 종복들에 의해 통치되는 국가에서는 군주가 보다 큰 권위를 지니고 있는데 이는 국가의 전 지역에서 군주보다 뛰어난 자가 아무도 없다고 인식되기 때문입니다.

이러한 두 가지 형태의 통치 사례로 각각 투르크와 프랑스를 들 수 있습니다. 투르크는 한 명의 군주에 의해 통치되며 다른 사람들은 모두 군주의 종복들입니다. 그러나 프랑스 왕은 세습 봉건 제후들로 둘러싸여 있습니다. 제후의 영지에 있는 백성들은 제후들을 인정하고 따릅니다. 제후들은 왕도 위험을 감수하지 않는 한 건드릴 수 없는 특권을 가지고 있습니다. 이 두 나라를 비교하면 투르크의 경우 정복하기는 어렵지만 일단 정복하면 너무 쉽게 유지할 수 있음을 알게 됩니다.

따라서 투르크를 공격하려는 자는 적이 일치단결해 저항한다는 점을 고려해야 하며, 그래서 적의 내분을 기대하기보다는 스스로의 힘에 의지해야 합니다.

프랑스처럼 통치되는 왕국에서는 이와 반대 현상이 발생합니다. 그곳에서는 변화를 바라는 집단과 불평분자가 항상 있기 때문에 왕국의 제후 중 일부와 결탁하면 쉽게 침입할 수 있습니다. 그러한 자들은 이미 제시한 이유(조건)로 왕국으로 향하는 길을 열어줄 것이며 당신이 승리를 얻도록 도와줄 것입니다.

그러나 이후 당신이 얻은 것을 지키려 할 때, 당신에게 도움을 준 자들이나 침입으로 피해를 입은 자들 모두에 의해 무수히 많은 어려움에 직면할 것입니다. 당신에 대한 반란을 주도하고자 하는 제후들이 남아 있기 때문에 군주의 혈통을 단절하는 것만으로는 충분하지 않으며, 또한 당신은 그들을 만족시킬 수도 없고 파멸시킬 수도 없기에 언제라도 국가를 잃을 수 있습니다. ”

마키아벨리의 직업은 외교관이다. 표면적인 통치구조와 이면적인 역학관계의 미묘한 차이를 섬세하게 파악하고 활용하는 직업이다. 그는 부르봉 왕가가 통치하는 프랑스가 실제로는 제후들의 연합체이며, 투르크는 정교일체의 술탄이 절대권력자라는 차이점을 분명히 이해한다. 연합체는 내부 역학관계를 이용하면 상대적으로 용이하게 약화·붕괴시킬 수 있지만, 절대권력 체제는 내분을 기대하기 어렵다는 점을 지적한다.

서양역사의 위대한 정복자 알렉산드로스 대왕이 젊은 나이에 급사하고, 후계자들 간에 내전이 발생하는 혼란기에도 페르시아인들은 잠잠했다. BC331년 알렉산드로스 대왕과 페르시아 간 최초의 전투가 벌어진 후 BC330년 가우가멜라 전투에서 페르시아 다리우스 3세가 도주하는 대승을 거두면서 페르시아가 실질적으로 소멸되고, BC323년 알렉산드로스 대왕이 사망할 때까지는 불과 10여 년의 짧은 기간이었다. 하지만 대제국 페르시아는 알렉산드로스 대왕 사후 그리스인 정복자들에게 의미 있는 반란을 일으키지 못하고 결국 알렉산드로스 대왕의 부하장군 4명이 분할통치하게 된다. 전제군주제의 페르시아는 군주가 사라지면 그것으로 종말을 고할 수밖에 없었던 것이다.

이처럼 1인 체제는 강하게 보이지만 머리만 없어지면 순식간에 무너져 내리고 이를 대체할 세력도 부상하기 어렵다. 반면 연합체는 항상 내부갈등과 분열의 소지가 있고 왕권이 약해지면 내부에서 이를 활용하여 자신의 입지를 강화시키려는 시도가 끊임없이 일어난다. 이는 역설적으로 연합체를 공격할 때는 내분의 소지를 파악하고 이를 이용하는 것이 가장 효과적인 수단이라는 의미도 내포하고 있다. 반면 1인 체제는 군신관계가 명확하고 내부 감시도 철저하기에 총력전으로 임해야 한다는 점을 역설한다.

## 제5장 자국보다 선진국인 나라를 공략하는 법

: 점령되기 전에 자신들의 법에 의해 살아온 도시나 군주국을 다스리는 법

"

자신들의 법에 따라 자유롭게 생활하던 국가를 점령했을 경우, 그 국가를 다스리는 데에는 세 가지 방법이 있습니다. 첫째는 그 나라를 파괴하는 것이고, 둘째는 그 나라에 군주가 이주해 사는 것이며, 셋째는 그들에게 예전의 법에 따라 계속 살도록 허용하면서 공물을 바치게 하고 지속적으로 당신에게 우호적일 수 있는 사람들로 이루어진 과두정치를 실시하는 것입니다.

자유에 익숙한 도시를 다스리기 위해서는 그 도시의 시민을 이용하는 게 그 어떤 방법보다 좋습니다. 실례로 스파르타인과 로마인을 들 수 있습니다.

자유에 익숙한 도시의 지배자가 된 자가 그 도시를

파괴하지 않으면 그 도시에 의해 자신이 파멸될 것입니다. 이런 도시는 시간의 흐름과 지배자가 부여한 결코 잊을 수 없는 이익에도 예전의 특권과 자유를 명분으로 항상 반란을 일으킵니다. 지배자가 무엇을 하든 또는 무엇에 대비하든, 그들을 서로 반목하게 만들거나 분리시키지 않으면 그들은 자유라는 이름과 과거에 누렸던 특권을 결코 잊지 않을 것입니다.

특히 군주의 통치와 상관없이 내분이 있거나 주민들이 흩어지지 않고서는 자유를 잊지 않을 것이며, 사사건건 반대하려 들 것입니다. 100년간이나 피렌체의 통치를 받았던 피사가 반란을 일으킨 것이 좋은 예입니다. ”

피렌체에는 "피사사람이 문 앞에 와 있는 것보다 차라리 저승사자가 찾아오는 것이 반갑다"는 속담이 있었다. 그들이 피사를 그토록 지긋지긋해 하는 배경과 역사가 있다.

피사의 사탑으로 유명한 피사는 이탈리아 반도 북쪽 서지중해에 면한 인구 9만여 명의 소도시이다. 지금은 피렌체를 방문하면서 잠시 들르는 한적한 곳으로 전락했지만 12~13세기 피사 공화국은 피렌체, 베네치아, 제노바와 함께 이탈리아 4대 도시국가 중 하나였다. 당시 항구였던 피사에서 80킬로미터 떨어진 내륙의 피렌체는 바다로의 통로를 확보할 필요가 있었고 결국 1406년 피사를 점령, 속국으로 편입한다.

과거의 영광에 대한 자부심과 독립에 대한 집념이 강한 피사인들을 통치하기는 쉽지 않았다. 특히 한 때를 풍미했던 강국의 경험으로 국제세력 간 틈바구니를 파고들며 끊임없이 피렌체를 괴롭혔다.

피사인들은 1494년 프랑스왕 샤를 8세의 이탈리아 침공으로 피렌체가 혼란에 빠진 틈을 타 재빨리 독립을 선언한다. 피사의 재영유가 당면과제로 떠오른 피렌체는 1499년 6월 카스텔로 영주인 용병대장 파올로 비텔리를 고용하여 피렌체 공화국 총사령관으로 임명하고 피사공략에 나선다. 8월 피사성벽 일부를 무너뜨리고 함락 직전까지 갔으나 결국 공략에 실패한다.

피렌체는 프랑스 왕에게 부탁하여 프랑스 및 스위스 병사를 용병으로 고용하였으나 막대한 돈을 지출하고도 실패한다. 오히려 용병들이 피사 주변을 약탈하는 바람에 피렌체에 대한 반감만 고조되었다. 마키아벨리는 이 때 용병들의 무용함을 절실히 느끼고 소규모라도 자체군대를 가져야 한다고 생각하게 되었다.

피사처럼 과거 선진국이었던 현재의 후진국을 다스리기는 어렵다. 선진국으로 도약할 수 있었던 좋은 제도와 가치, 자부심과 역사가 타인의 통치를 받아들이기 어렵기 때문이다. 마키아벨리는 '하드파워'로 공략을 했다 하더라도 '소프트파워' 부분에서 도저히 공략이 불가능할 경우라면 차라리 '소멸시키라'고 주장한다. 로마가 지중해 패권을 놓고 자웅을 겨뤘던 카르타고를 소멸시킨 것처럼.

# 제6장 무장한 예언자가 승리한다

## : 자신의 무력과 능력으로 지배하게 된 신생 군주국

"

인간이란 대부분 선인이 먼저 지나간 길을 따라, 그들의 행위를 모방하면서 살아갑니다. 그러나 그들의 길을 그대로 따르거나 그들의 능력에 도달하는 것은 쉽지 않습니다. 현명한 사람은 항상 위인이 걸어온 행로를 따르거나 최고의 것을 얻은 자들을 모방하고자 하는데, 이는 그의 능력이 그들에 미치지는 못하겠지만 적어도 그들의 풍취는 낼 수 있기 때문입니다. 그는 숙련된 궁수가 목표물이 아주 멀리 떨어져 있을 때 그것을 맞추기 위해 숙고하는 것처럼 행동해야 합니다. 궁수는 자기 활의 힘을 잘 알고 있기 때문에 목표물보다 높은 위치를 겨냥합니다. 이는 높은 그 지점을 맞히고자 하는 것이 아니라 높은 그 지점을 겨냥해야 목표물을 맞힐 수 있기 때문입니다.

그런 이유로 새로운 군주가 신생 군주국을 다스릴 때 겪는 어려움의 정도는 그 나라를 정복한 군주의 능력에 달려 있습니다. 일개 시민이 군주가 되는 것은 그의 능력 또는 운을 전제로 하며, 그가 가진 능력이나 운 중 하나는 (그가 겪게 될 많은) 어려움들을 어느 정도까지는 완화시킬 것입니다.

행운이 아니라 자신의 능력으로 군주가 된 인물은 모세, 키루스, 로물루스, 테세우스처럼 탁월한 사람들입니다.

그리고 그들의 행적과 생애를 확인해보면, 자신이 생각하는 최선의 형태로 구체화할 수 있는 '기회'를 가진 것 외에는 그 누구도 어떠한 행운을 소유하지 않았습니다. 그들에게 기회가 없었다면 그들의 정신력은 소멸되었을 것이며, 그들에게 역량이 없었다면 기회는 사라졌을 것입니다.

그러한 까닭에 이러한 기회들이 그들의 운을 좋게 만든 것이라면, 그들이 가진 탁월한 능력은 바로 이러한 기회들을 '인식할 수 있게' 한 것입니다. 그 결과 그들의 나라는 고귀하게 되고 번영할 수 있었습니다.

이들처럼 자신의 능력으로 군주가 된 사람들은 나라를 정복하는 데 어려움을 겪지만 유지는 쉽게 할 수 있습니다. 이들이 겪는 어려움이란 부분적으로는 정부를 수립하고 안보를 확립하기 위해 도입된 새로운 질서와 방법 들에서 발생하는 것입니다.

그리고 새로운 통치 형태를 도입하는 것만큼 실행하기 위험하고 성공하기 힘든 것은 없다는 점을 알아야 합니다. 새로운 통치 형태 아래에서 편히 살고자 하는 사람들은 새로운 군주에게 소극적인 지지자가 되는 반면, 이전의 통치 형태 아래에서 편히 살던 사람들은 모두 새로운 군주의 적이 될 수 있기 때문입니다. 이와 같은 냉담함은 한 때 법률을 자신들에게 유리하게 이용했던 자들에 대한 두려움과, 오랜 동안 경험하기 전까지 새로운 그것을 확실하게 믿지 못하는 사람들의 불신에서 발생합니다. 그러므로 적의를 가지고 있는 사람들은 기회가 있으면 언제라도 공격할 것이고, 소극적인 지지자들은 방어에 미온적일 것입니다. 결국 군주는 그들과 함께 위험에 빠지게 됩니다.

따라서 이 문제를 철저히 검토하기 위해서는 우선 새로운 군주(개혁자)가 자신의 힘에만 의존하는지 아니면 다른 사람에게 의존하는지를 확인할 필요가 있습니다. 다시 말해 자신의 힘만으로 목적을 이룰 수 있는가, 아니면 타인의 원조가 없다면 목적을 이루기 어려운가의 문제입니다.

타인의 원조를 필요로 하는 경우는 거의 언제나 성공하지 못하며, 그 어떤 것도 이룰 수 없습니다. 반대로 자신의 힘만을 의지할 경우 새로운 군주는 어려움을 거의 겪지 않습니다. 그래서 무장한 예언자는 승리할 수 있으나, 무장하지 않은 예언자는 멸망하기 마련입니다.

이러한 결과는 이미 언급한 이유 외에, 변덕스러운 사람들의 본성 때문이기도 합니다. 즉 사람들을 설득하는 것은 쉽지만 그 설득한 상태를 유지하기란 쉽지 않습니다. 그런 까닭에 사람들이 군주를 더는 믿지 않는다면 힘으로라도 믿게 하는 방법을 찾아야 합니다.

만약 모세, 키루스, 테세우스, 로물루스가 무력을 갖지 않았다면 그들의 (새로운) 체제를 오랫동안 유지할 수 없었을 것입니다. 이는 대중의 믿음을 상실하자마자 자신이 만든 새로운 통치 체제와 함께 파멸한 수도사 지롤라모 사보나롤라의 경우에서도 확인할 수 있습니다. 사보나롤라는 자신을 믿지 않았던 자들을 믿게 하거나 자신을 믿었던 자들의 지지를 지속할 수 있는 수단이 없었습니다.

"

왕조를 창업할 역량을 가진 군주는 최소한 당대의 통치에는 문제가 없다. 일개 신민으로 출발하여 군주에 이르기까지 과정에서, 타고난 역량은 물론 축적된 경험 및 인적자원이 뒷받침하기 때문이다. 이후 후계자들이 창업자의 역량을 이어받아 제도를 시행하고 체제를 안정화해야 지속 가능한 통치체제가 수립된다.

《군주론》에서 예시한 구약성경의 모세, 고대 페르시아 제국의 키루스 2세 황제, 로마건국자 로물루스, 그리스 신화 아테네의 초석을 놓은 테세우스는 모두 자신의 역량으로 조직을 일으킨 사람들이다. 또한 이들의 공통점은 자신의 의지를 관철시킬 수 있는 실질적 힘을 추구하고 획득하였다는 점이다.

"허영심이란 남에게 좋게 보이고 싶어 하는 심정이고 야심은 무엇인가를 이룩하고 싶어 하는 의지라고 생각한다. 남에게 좋게 보이고 싶어 하는 사람에게는 권력이 필수불가결하지 않지만 무언가를 이룩하고 싶어 하는 사람에게는 그것을 해내는 데 필요한 힘이나 권력이 필수불가결하다. 그런데 허영심은 있지만 야심이 없는 사람은 욕심 없는 인물로 여겨진다. 또한 욕심이 없기 때문에 위험하지 않은 인물로 간주된다. 추대되는 것은 항상 이런 부류의 위험하지 않은 인물이다." 시오노 나나미가 율리우스 카이사르를 다룬《로마인 이야기 4》에서 말한 내용이다.

허영심으로 가득한 사람은 타인에게 칭찬받으려 하기 때문에 원칙 없이 상황에 따라 입장이 바뀌고, 대중의 인기를 추구하는 연예인처럼 들떠 다닌다. 그럴듯한 비전을 제시하고 현란한 언어로 군중을 매혹시키며 추종자도 형성되지만 그것이 전부다. 반면 야심 또는 비전은 진정으로 변화를 추구하고 실제적 힘을 갖추려 하기 때문에 기존 체제의 수혜자들에게 위협이 된다.

변화는 필연적으로 수혜자와 피해자를 가져오기 마련이다. 누구나 변화를 외쳐대지만 실제로는 각자의 이익을 침해하지 않는 범위의 변화를 내심 전제하고 있다. 그래서 모든 변화는 '총론 찬성, 각론 반대'의 저항에 부딪힌다. 신생 군주국을 다룬 본 장에서는 '새로운 질서를 수립하기 위해 군주는 적극적 반대자와 소극적 지지자의 난국을 헤쳐나가야 하는 운명'임을 지적한다. 새로운 질서로 인한 변화에서 오는 피해자의 손실은 명확한 반면 수혜자의 이익은 불분명하다. 또한 기존 질서에서 이익을 얻던 피해자들은 조직적인 반면 수혜자는 조직적이지 않고 사회적 힘도 떨어진다.

하지만 이를 돌파하는 것은 리더의 역량이고 운명이다. 리더가 공동체의 미래에 대한 비전을 현실에 구현하고자 하면 혀와 주먹이 겸비되어야 한다. 혀의 논리로 설득하고 이해시키면서 때로는 주먹의 힘으로 강제할 수도 있어야 한다. 《군주론》은 "주먹으로 무장하고 혀로 이야기하는 무장한 예언자가 되어야 새로운 질서를 수립할 수 있다"고 주장한다.

예시로 든 도미니크회 수도사 사보나롤라(1452~1498)는 메디치 정권 붕괴 후의 정치적 혼란기에 예언자적 풍모와 설교로 군중들의 정신적 지도자 반열에 올랐다. 특히 그가 예언한 '하느님의 노여움'이 1494년 프랑스왕 샤를 8세의 이탈리아 원정으로 나타났다고 받아들인 피렌체인들 사이에서 정치적 영향력을 확보했다.

하지만 일종의 신정정치神政政治를 지향하면서 1497년 사육제謝肉祭에서 사치품, 이교도적 미술품과 서적을 불태우는 등 과격한 방법을 취함으로써 큰 반감을 샀다. 결국 프랑스군이 철수해 정세가 변화하고, 그의 행태를 종교적 권위에 대한 도전으로 받아들인 교황과의 대립으로 지지기반을 급속히 상실하면서 화형火刑에 처해졌다.

실질적 권력자의 위치를 확보했음에도 수도원에서 기도하고 설교하는 등 원격조종의 형태로 피렌체를 통치하려던 사보나롤라. 그는 마키아벨리가 보기에 '혀만 있고 주먹은 없는' 인물이었다.

## 제7장 한번 적이 되면 끝까지 적이다

: 타인의 무력과 행운으로 얻은 신생 군주국

“

일개 시민에서 행운으로 군주가 된 자는, 쉽게 군주의 자리에 올랐지만 그 자리를 유지하는 데 많은 어려움이 있습니다. 그들은 쉽게 자리를 얻었기에 그 과정에서는 어려움이 없지만 그 자리에 도달한 후 많은 문제에 직면합니다. 이러한 상황은 타인의 호의나 돈으로 국가를 얻었을 경우 발생하게 됩니다.

이와 같은 예는 그리스에서 많이 볼 수 있습니다. 다리우스 왕은 자신의 안보와 영광을 위해 도시들을 지키고자 이오니아나 헬레스폰트의 도시들에 지배자를 임명했습니다. 또한 병사들의 부패로 시민에서 황제(지배자)가 된 자도 있습니다. 이러한 자리는 그를 군주로 만든 자들에 대한 호의와 행운으로 마련되었습니다만, 이

두 가지는 변덕스럽고 불안정합니다. 이러한 자들은 자신들의 지위를 유지하는 방법을 알지 못합니다. 그들은 훌륭한 가치나 능력을 가지고 있지 않으며 지금까지 시민의 상태로 살아왔기 때문에 통치하는 법을 알지도 못합니다. 또한 이들은 우호적이고 충실한 군대가 없어서 권력을 유지할 수도 없습니다. 순식간에 자라나는 자연의 모든 것들처럼, 갑자기 이룩한 나라는 첫 번째 폭풍에도 쓰러지게 됩니다.

발렌티노 공작이라 불리는 체사레 보르자는 아버지 알렉산데르 6세 덕에 지위를 얻었지만, 아버지가 죽자 그의 지위 역시 잃게 되었습니다.

발렌티노 공작의 행적을 보면, 그는 훗날 자기 세력을 위해 강력한 토대를 구축했음을 알 수 있습니다. 새로운 군주에게 그의 행적들은 훌륭한 교훈이 될 것입니다.

발렌티노 공작의 모든 행적들을 되짚어 보면, 그를 비난할 수만은 없습니다. 아니 오히려 제가 앞서 말했듯 단순한 운이나 타인의 호의로 권력을 거머쥔 모든 사람들에게 훌륭한 본이 될 수 있으리라 생각합니다. 고귀한 정신과 원대한 야망을 품은 그로서는 달리 어찌할 도리가 없었고, 아버지 알렉산데르 6세가 일찍 세상을 뜨고 그 역시 병을 얻어 자신의 뜻을 펼칠 수 없었습니다. 결국 새로운 군주국에서 자신의 지위와 안위를 확실히 할 필요가 있는 자, 친구를 얻으려는 자, 힘이나 속임수로 적을 이기려는 자, 사람들에게 두려움을 불러일으키는 동시에 사랑을 받고 싶어 하는 자, 군대의 존경과 복종을 이끌어내려는 자, 군주를 해할 의도를 가지거나 힘을 가진 자를 처단하려 하는 자, 낡은 체계를 버리고 개혁을 모색할 필요가 있는 자, 엄격한 동시에 자애롭고 위엄이 있으면서도 관대하고자 하는 자, 충성스럽지 못한 군대를 해산시키고 새롭게 창설하려는 자, 왕이나 군주들과 우호적 관계를 유지하여 기꺼이 자신을 돕게 만들거나 자신을 치지 못하도록 하려는 자들에게 공작의 선례보다 더 도움이 되는 것은 없을 것입니다.

하지만 공작의 행위 중 비난받을 만한 것이 하나 있는데, 그것은 바로 교황 율리우스의 선출에 관한 것입니다. 이는 잘못된 선택이었습니다. 그는 비록 자신이 심중에 둔 인물을 교황으로 뽑을 순 없었다 할지라도, 다른 사람이 선출되는 일은 막을 수 있었기 때문입니다. 그는 전에 해를 끼친 적이 있거나, 그를 두려워할 만한 인물을 추기경으로 선출하는 것을 승인하지 말았어야 했습니다. 사람은 증오와 두려움으로 타인을 해치기도 하기 때문입니다.

요직에 있는 사람들에게 새로운 특혜를 준다고 해서 그들이 오래된 상처를 씻어 버리리라는 것은 잘못된 생각입니다. 한마디로 공작은 자신의 선택에 있어 실수를 범했고, 이로 인해 결국 파멸에 이르게 되었습니다.

고대 로마시대의 역사가인 타키투스는 말했다.

"인간세계에서는 자기 실력에 기초를 두지 않는 권세나 명성만큼 못 믿을 것도 없다."

누군가에 의해서 확보된 지위는 나의 것이 아니다. 임명자의 마음이 바뀌면 그것으로 끝이다. 페르시아 다리우스 왕이 각처의 정복지에 임명한 통치자는 페르시아의 성쇠와 운명을 같이하는 것이 당연하다. '병사들의 부패'로 지배자가 된 경우는 로마 후기 군인황제 시대가 대표적이다. 기원후 235년 세베루스 황제가 암살되면서 284년까지 50년간 로마 제국 각지의 군대가 임의로 황제를 옹립했던 시대이며, 이 동안 대략 25명의 장군들이 제위를 중심으로 등장하고 사라졌다. 공백기의 혼란에서 병사들이 임의로 군인황제들을 선출하였기에 정통성이 결여되고 세력기반이 없었다. 때문에 내전이 이어지면서 혼란은 가중되었다.

본 장에서 언급하는 발렌티노 공작(1475~1507)은 바로 《군주론》의 모델이다. 1502년 33세의 젊은 외교관 마키아벨리는 27세의 신흥실력자 발렌티노 공작을 처음으로 대면하고 이후 3년 동안 모두 세 번을 만나면서 깊은 인상을 받는다.

발렌티노 공작은 에스파니아 출신 로드리고 보르자 추

기경(후일 교황 알렉산데르 6세)과 애인 반노차 사이에서 태어났다. 작은 할아버지였던 발렌시아 교구장 알폰소 보르자(1378~1458)가 1456년에 교황 칼릭스투스 3세로 선출되면서 급부상한 집안으로 15세기 중반에 지위가 크게 상승했다.

집안의 후광으로 체사레는 15세에 팜플로나의 주교로 임명되었고, 3년 후인 1492년 아버지인 보르자 추기경이 교황 알렉산데르 6세로 선출되면서 추기경으로 서품되었다. 교황은 교황군을 창설하여 확보한 무력을 통해, 교황령이면서도 통치력이 미치지 못했던 이탈리아 중부 로마냐 지방을 정복하고 '보르자 왕조'를 세우려 한다. 당초 첫째 아들인 조반니를 교회군 총사령관으로 임명하였으나 암살당하자, 1498년 둘째 아들인 체사레를 추기경에서 사퇴시키고 교황군 총사령관에 임명한 후 프랑스 왕으로 하여금 발렌티노 공작의 작위를 수여하게 한다.

부친인 교황과 인접 강대국 프랑스의 지원 아래 체사레는 계획대로 로마냐 지방을 정복하고 1501년 로마냐 공국을 세우면서 이탈리아의 신흥강자로 급부상하였다.

피렌체에도 악몽이 시작되었다. 1502년 속국인 피사가 자발적으로 체사레에게 보호를 청원했고, 인근의 아레초도 동조하였다. 절대절명의 위기에 몰린 피렌체가 체사레에게 보낸 사절단에 포함된 마키아벨리는 자신의 조국을 멸망시킬 수도 있는 적국의 군주를 직접 대면하였다.

체사레의 황금기는 짧았다. 1503년 부친인 교황이 말라리아로 사망하였고, 운명의 장난으로 체사레도 말라리아로 한 달간 병석에서 일어나지 못한다. 우호적인 후임 교황 비오 3세는 불과 26일간 재임하고 세상을 떠났다. 보르자 집안의 숙적인 산 피에로 애드 빈쿨라(줄리아노 델라 로베레의 별칭) 추기경이 교황 율리우스 2세로 선출되면서 급속한 몰락의 길로 들어선다. 곧 산탄젤로 성에 투옥된 후 1504년 에스파니아로 추방당해 연금상태로 지내다 2년만인 1506년 탈출에 성공하지만 1507년 국지 전투에서 사망한다.

마키아벨리는 동시대인으로 1502년부터 3년 동안 직접 세 차례나 만나면서 유례없이 솟아오르다 일순간에 나락으로 떨어지는 모습을 생생히 관찰하였다. 세 번째 만남은 한창 추락하던 중이던 1504년이었다. "율리우스 2세가 선출되던 날 그는 말했다. 아버지가 세상을 떠나는 사태에 대책을 세워놓았는데, 단지 아버지가 세상을 떠날 때 자신도 죽을 운명이었다는 것만은 예상치 못했다"고 《군주론》에서 술회한다.

마키아벨리가 보기에 체사레는 탁월한 군주였다. 특히 허를 찌르는 전술, 기회를 잡았을 때 놓치지 않고 끝까지 밀어붙이는 과단성, 우아하고 신비롭게 자신을 인식시키는 기술 등에 높은 평가를 내렸다. 하지만 아버지와 아들이 동시에 병에 걸리면서 절정기에 운명의 버림을 받았다. 특히 부친인 교황의 사망으로 맞은 권력공백에서, 체사레는 자신이 확보한 로마냐 지방을 기반으로 차기 교황 선출에 영향력을 행사할 수 있는 입장이었다. 하지만 적대세력이 화해를 요청하자 이들에게서 교황이 배출되는 것에 동조하였고 결국 배신당하여 철저히 파멸하고 만다.

이러한 과정을 보면서 마키아벨리는 '한 번 해를 입힌 자들은 절대로 신뢰해서는 안 된다'는 교훈을 전한다.

## 제8장 잔혹한 수단은 단 한 번으로 족하다

: 사악한 방법으로 군주가 된 인물들

"

시민의 지위에서 군주가 되는 방법에는 두 가지가 있습니다. 하나는 비열하고 비도덕적인 방법으로 권좌에 오르는 것이고, 또 다른 하나는 조국의 시민들로부터 열렬한 지지를 받아 군주가 되는 것입니다.

시라쿠사의 왕이 된 시칠리아의 아가토클레스는 신분이 낮고 천한 평민 출신이었습니다. 도공陶工의 아들인 그는 순탄치 않은 운명으로 인해 악명 높고 불명예스러운 삶을 살았습니다. 하지만 그는 심신의 능력이 뛰어났기 때문에 직업 군인으로 헌신한 끝에 마침내 사령관의 지위에까지 오르게 되었습니다.

그렇게 되자 그는 다른 사람의 도움 없이 무력을 사

용해 권력을 탈취하고 군주가 되기로 결심했습니다. 그는 이런 생각을 하밀카르에게 털어놓았고, 이 카르타고인은 당시 자신의 군대를 이끌고 시칠리아에서 전투 중이었음에도 그 계획에 동의하고 그와 함께하기로 했습니다. 어느 날 아침 그는 마치 공화국의 일로 논의할 것이 있다는 듯, 시라쿠사의 원로원과 시민들을 한자리에 모았습니다. 그리고 병사들에게 신호를 보내 의원들과 부유한 시민들을 죽였습니다. 그 후 그는 어떤 시민의 동요도 없이 그 도시의 권력을 장악하게 되었습니다.

아가토클레스의 비범한 재능과 행적들을 되짚어볼 때, 그가 그 높은 지위에 오르기까지 큰 운이 따랐다고는 볼 수 없습니다. 앞서 말했듯 그는 다른 사람들의 도움을 받지 않고, 직업 군인으로 복무하면서 수많은 위험과 난관에 과감히 맞서 스스로 한 단계 한 단계 나아갔습니다.

하지만 같은 시민들을 죽이는 것이나 친구들을 속이는 것, 신뢰를 저버리고 가차 없이 반종교적 행동을 보이는 것을 대단한 능력이라고 말할 수는 없습니다. 이러한 방법으로는 한 나라를 손에 넣을 수 있을지 몰라도 영광까지 함께 얻을 순 없기 때문입니다.

아가토클레스나 그와 같은 인물들이 끝없이 배신과 잔혹한 행위들을 저질렀음에도 오랫동안 자기 나라에서 안전하게 살며 외적으로부터 자신을 보호하고 시민들의 음모에 걸려드는 일도 없었다는 사실은 분명 의구심을 불러일으킬 수 있습니다. 잔인한 수단으로 권좌에 오른 다른 사람들의 경우, 전시에는 말할 것도 없고 평시에도 그 지위를 유지할 수 없었기 때문입니다.

저는 이 두 경우, 그 잔혹한 행동들이 나쁘게 쓰인 것인지 아니면 적절한 것이었는지에 따라 (군주의) 운명이 달라진다고 생각합니다. 나쁜 일에도 '적절한'이라는 말을 쓸 수 있는지는 모르겠지만, 타당한 이유로 그렇게 했다는 것은 곧 자신의 안위를 위해 단 한 번 잔인한 조치들을 취하게 되었고, 그 후 신민들에게 이익이 될 수 없다는 판단 아래 다시는 그런 일이 없었다는 것을 의미합니다. 잔혹한 행동들이 나쁘게 쓰였다는 것은 처음에는 거의 사용되지 않다가 시간이 갈수록 줄어들기는커녕 더욱 빈번해졌다는 것을 의미합니다. 첫 번째 경우를 따르는 자들은, 아가토클레스처럼 신이나 혹은 다른 사람의 도움을 통해 그들의 지배력을 온전히 유지할 수 있습니다. 하지만 다른 경우를 선택한 자들은 자신의 지위를 유지하기 어려울 것입니다.

그러므로 무력을 사용해 권력을 손에 쥔 자는 어쩔 수 없는 가혹 행위들을 빠짐없이 면밀히 검토하여 그것들을 여러 차례 반복하지 않고 단 한 번에 처리해야 한다는 사실을 잊지 말아야 합니다. 그러면 시민들을 불안에 떨지 않게 하고 안정시킬 수 있으며, 시혜를 베풀어 그들의 마음을 얻을 수 있을 것입니다. 하지만 겁이 나서든 아니면 간악한 조언에 의해서든, 이렇게 하지 않는 군주는 언제나 칼을 손에 쥐고 있어야만 합니다. 다만 그는 결코 신민들을 믿지 못할 것입니다. 반복적으로 계속되는 악행 때문에 신민들은 그를 미워할 것이기 때문입니다.

> 일거에 자행된 악행들은 시민들로 하여금 분노와 고통을 상대적으로 적게 느끼게 합니다. 반면에 조금씩 지속해서 베푸는 시혜는 그 기쁨을 더 오래 느끼게 합니다.

태초에 군주는 없었다. 개체로서의 인간과 가족단위의 가부장이 존재하였다. 이후 공동체 생활이 시작되면서 자연스럽게 리더가 생겨났고, 리더의 선출방식과 역할범위에 따라 다양한 형태로 분화되기 시작했다. 초기에는 공동체에서 선출하였으나, 시간이 흐르면서 세습형태가 나타나고 확산되기 시작한다.

선출된 군주가 그 지위를 자식들에게 물려주려 하고, 부친의 후광이라는 프리미엄에 더해 적절한 교육을 받을 수 있는 자식은 선출과정에서도 유리한 것이 당연하다. 이러한 상황에서 탁월한 업적을 쌓은 강력한 군주가 공동체의 동의를 얻는 형식을 통해 세습 군주제를 확립하는 것은 자연스러운 과정이다. 선출제는 교체기마다 극심한 권력투쟁에 휘말리기 쉽고 정통성 확보에도 문제가 생기는 반면 세습제는 최소한 정통성은 확보된다는 장점이 있다.

구질서가 무너지고 새로운 질서가 형성되는 혼란기에는 미천한 신분이라도 자신의 역량과 운으로 급부상하는 경우가 생겨나지만, 안정기에는 정치도 기존 정치권력 내부의 역학관계에 따라 움직이기에 자연스럽게 일종의 가업家業처럼 변화한다. 소위 자유선거가 실시되고 있는 근대 문명국가에서도 대를 이어 정치를 직업으로 하는 가문이 나타나는 것은 이런 배경 때문이다.

고대 그리스 도시국가들의 정치체제는 대략 왕정-귀족정-민주정, 고대 로마는 왕정-귀족정(원로원)-제정(황제)으로 변화한다. 초기 왕들의 경우, 신망 있는 원로로서 귀족 중의 선임자가 선출되는 제한된 권력이었다. 왕이 귀족들의 협력을 받아 통치하던 왕정은 제도적으로 권력이 분산되는 귀족정(과두정)으로 변화한다. 소규모 공동체에 최적화되었던 초기왕정과 귀족정은 점차 폴리스의 세력권이 지중해 지역으로까지 확대되고, 대외전쟁 등으로 인해 평민의 역할이 커짐에 따라 귀족-평민 간의 갈등이 심화되면서 한계에 부딪히게 된다.

이 과정에서 BC 7세기부터는 군사력을 배경으로 평민

의 지지를 확보한 유력자가 귀족정의 틀을 깨고 비합법적으로 권력을 확보한 참주Tyrant가 등장한다. 참주는 귀족들의 합의가 아니라 평민들의 지지를 바탕으로 강력한 권력을 행사한다. 이들 중에서 추진력을 바탕으로 귀족들의 기득권을 타파하는 사회적 개혁을 성공시킨 경우도 나타났다.

아테네 솔론은 가문의 혈통이 아니라 재산으로 관직진출을 가능하게 하는 개혁(BC 594)으로 평민 정치참여의 길을 열었고, 상공업을 진흥시켜 아테네 번영의 경제적 토대를 닦았다. 클레이스테네스는 아테네 4부족체제를 30개 지역, 10개 그룹으로 개편해 민주정 기초를 확립하고 도편추방제를 도입하였다(BC 508).

현재 참주는 통상 '폭군'으로 번역되나, 고대 그리스에서는 '왕' 바실레우스Basileus와 같은 의미였다. BC 4세기 플라톤 이후에 바실레우스는 세습적·합법적인 왕을, 티라노스는 비합법적으로 권력을 획득한 독재적 지배자를 지칭하게 되었다.

고대 그리스의 공통언어와 문자로 정체성을 확립하고 1,000여 개의 폴리스가 형성되던 아르카이크 시대(BC 10~5세기) 중반에 기근과 인구과잉 등의 내부문제를 해결하기 위해 폴리스들은 지중해 진출을 본격화한다. 이탈리아 남부, 흑해 동부에서 프랑스 남부의 마르세유까지 확장하여 일종의 무역거점을 만들고 그리스 문화를 전파하면서 지중해는 그리스인들의 내해內海가 되었다. 후대 로마인들은 이를 마그나 그라이키아Magna Graecia, 대 그리스라고 불렀다.

오늘날 이탈리아 영토인 시칠리아에 존재하는 다수의 거점 중에서 동부의 시라쿠사는 강력한 세력이었다. 우리가 보통 고대 그리스 수학자로 이해하는 아르키메데스(Archimedes, BC 287~BC 212)는 그리스 본토가 아닌 시라쿠사에서 출생하고 활동했다. 시라쿠사도 그리스 폴리스와 유사하게 귀족정을 거쳐 참주정이 성립되었다.

《군주론》에서 사례로 든 시칠리아의 아가토클레스(BC 361~BC 289)는 도공의 아들인 평민 출신으로 참주가 되었다. 군대에 들어가 경력을 쌓았고 시라쿠사의 귀족정을 전복하려다가 두 번 추방되었다. BC 317년 법률을 준수하겠다는 서약을 하고 용병군대와 다시 귀국한 후 약속과는 달리 1만 명의 시민을 추방·살해하고 시라쿠사의 지배자가 되었다. 이후 강력한 군대와 함선을 만들어 시실리 전역으로 세력을 확대해 나갔다.

당시 카르타고는 시실리의 서쪽 지방에 대한 영향력 유

지를 핵심이익으로 상정하고 있었기 때문에 시라쿠사와의 전쟁은 피할 수 없었다. 카르타고 군이 히메라 전투(BC 311)에서 승리하고 궁지에 몰린 아가토클레스는 역발상으로 지중해 건너 북아프리카의 카르타고 본국을 공격하였으나(BC 310), 초기 승리를 이어가지 못하고 결국 패전한다. 이후 시라쿠사로 돌아와 카르타고와의 화친조약을 맺어(BC 306) 시실리 동부의 지배권을 확보하고 스스로 왕으로 칭한다(BC 304).

마키아벨리는 아가토클레스를 '사악한 방법'으로 군주가 되어 '영광'까지는 얻지 못한 것으로 평가한다. 하지만 그가 '비범한 재능과 행적'을 나타냈으며, '큰 운이 따르지 않고' 두각을 나타냈다는 점을 인정한다. 또한 사악하게 군주가 되었음에도 카르타고와의 전쟁에서 국가를 지켜내고 권력을 유지할 수 있었다는 점에서도 높이 평가한다. 권력의 두 가지 축인 정당성과 효율성의 확보라는 관점에서 아가토클레스는 정당성은 결여되었으나 효율성을 확보하였다. 또 결과적으로 공동체와 권력을 유지할 수 있었다는 점에서 이해해야 한다.

여기서 핵심적 메시지는 '어쩔 수 없는 가혹 행위들을 빠짐없이 면밀히 검토하여 그것들을 여러 차례 반복하지 않고 단 한 번에 처리해야' 하며 '반면 조금씩 지속해서 베푸는 시혜는 그 기쁨을 더 오래 느끼게 한다'는 대목이다. 이를 통해 채찍과 당근을 구사하는 군주로서 갖추어야 할 일종의 '권력 기술'을 갈파하고 있다.

## 제9장 항상 군주를 필요로 하게끔 만들어라
: 시민형 군주국

"

군주가 되는 또 다른 방법은 시민들의 지지를 받는 것입니다. 이러한 경우를 가리켜 시민형 군주국이라 할 수 있습니다.

군주가 되는 데에는 시민들의 지지에 의한 방법과 귀족들의 지지에 의한 방법이 있습니다. 어떤 도시에서든 그 도시의 근간이 되는 것은 시민들과 귀족들입니다. 시민은 귀족들의 지배와 억압을 원치 않습니다. 하지만 귀족들은 시민들을 다스리고 억누르길 원합니다. 하나의 도시에 존재하는 이런 상반된 바람에 의해 세 가지 형태의 결과, 즉 군주국과 공화국, 무정부 국가가 탄생됩니다.

귀족들은 시민들의 저항에 부딪쳤을 때, 자신들 가운데 한 사람을 추대해 군주로 세우고, 그의 그늘 아래에서 자신들의 욕망을 펼치려 합니다. 시민들은 더는 귀족들을 견딜 수 없을 때, 그들 중 한 사람을 군주로 추대하고 그의 권력을 빌려 자신들을 보호하려 합니다.

귀족들의 도움으로 군주가 된 자는 시민들의 지지로 그 자리에 오른 자보다 권력을 유지하는 데 더 많은 어려움을 겪게 됩니다. 군주의 주위에 자신을 군주와 동등하게 생각하는 귀족들이 많아, 뜻대로 그들을 지배하고 다스릴 수 없기 때문입니다. 하지만 시민들의 힘으로 군주가 된 자는 그에게 권력이 집중되기 때문에, 주위에 복종하지 않는 사람이 없거나 설령 있어도 소수에 불과합니다.

귀족들은 두 가지 상황으로 나눠 살펴봐야 합니다. 그들이 군주의 운명에 자신을 맡기려 하는 경우와 그렇지 않은 경우입니다. 전자의 경우, 욕심 없이 군주에게 자신을 기탁하는 거라면, 군주는 그들을 아끼고 예우해

줘야 합니다. 하지만 후자의 경우 귀족들이 소심하거나 천성적으로 용기가 부족해 그런 거라면, 군주는 그들을 자기편으로 만들고 잘 이용해야 합니다. 특히 유용한 조언을 해줄 만한 귀족들은 더 그렇습니다. 번영기에 군주가 그들을 대우해 주면 역경이 와도 그들을 두려워할 필요가 없습니다. 그런데 귀족들이 자신의 야망을 위해 군주와 뜻을 함께하지 않은 거라면, 이것은 자신들의 이익을 더 생각한다는 징표이므로 군주는 그들을 경계하고 공공연한 적인 양 두려워해야 합니다. 역경에 처하면 그들은 언제나 군주를 파멸시키려고만 들 것이기 때문입니다.

한편 시민들의 지지로 군주가 된 자는 계속해서 그들과 좋은 관계를 유지해야 합니다. 시민들이 바라는 것은 오직 하나, 억압을 받지 않는 것이기 때문입니다. 그러나 그와는 달리 귀족들을 등에 업고 군주가 된 자는 먼저 시민들의 마음을 얻으려 노력해야 하는데, 이때 시민들을 군주가 보호하면 그가 목표한 바를 쉽게 이룰 수 있을 것입니다. 자고로 사람이란, 자신에게 나쁜 행동을 보일 것이라고 예상했던 사람이 의외의 호의를 베풀면 그에게 더 애착을 보이는 법입니다. 그래서 시민들은 자신들이 옹립한 군주보다 이런 군주에게 더 충성심을 보이게 될 것입니다.

불확실한 시기에는 언제나 군주가 신뢰할 만한 사람이 부족한 법입니다. 그래서 군주는 시민들이 정부를 필요로 할 때 그들이 보여준 것을 맹신해서는 안 됩니다. 평온한 시기에는 모든 사람들이 군주와 뜻을 함께 하고 모든 것을 맹세합니다. 죽음이 멀리 있다고 여겨질 때는 군주를 위해 목숨까지 바치겠다고 공언합니다. 하지만 시련의 시기가 오고, 국가가 시민들을 필요로 할 때 그들을 찾기란 쉽지 않습니다. 따라서 현명한 군주라면 이러한 이치를 깨닫고 시민들이 어떤 상황에서든 국가와 군주를 필요로 하게끔 만들어야 합니다. 그리고 그렇게 해야만 비로소 군주는 충성스러운 신민을 갖게 될 것입니다.

전통적 신분사회의 계급은 대략 왕, 귀족, 평민, 노예로 구분된다. 절대왕정絶對王政에서의 왕은 관료제와 상비군에 기반한 절대권력을 행사하며 귀족은 단지 상위계층의 신민에 불과하다. 하지만 봉건제도에서의 왕은 귀족계층의 선임자에 불과하고 귀족들은 영지 내 재판권과 조세권 등 독자적 통치권을 확보하고 있다.

마키아벨리가 살았던 르네상스 후기는 프랑스, 에스파니아의 절대왕정이 확립되기 시작한 때였다. 하지만 이탈리아는 도시국가들의 춘추전국시대였다. 왕과 귀족 간 권력의 역학관계는 결국 평민들에 대한 지배권에서 결정되고, 이는 마키아벨리가 언급하는 시민형 군주국의 유형이 된다.

봉건적 색채가 강한 국가는 귀족들의 동의를 통해 군주가 선출되며, 절대왕정은 평민들의 지지가 우선이다. 물론 어떤 경우든 통치엘리트는 필요하기에 군주는 왕, 귀족, 평민 간의 역학관계와 이들의 속성을 분명히 이해해야 한다.

귀족세력이 강한 국가의 군주는 피아를 구분하고 귀족들의 세력균형을 유지해 자신의 입지를 강화해야 한다. 먼저 신뢰관계를 바탕으로 이해관계를 일치시켜 공동 운명을 만드는 것이 중요하다. 군주와 이해관계를 달리하는 귀족이 평소에는 면종복배面從腹背, 겉으로는 순종하는 체하고 속으로는 딴 마음을 먹음하다가 결정적 시기에 자기 입장에 따라 반기를 드는 것은 당연하기 때문이다. 또한 귀족들의 지지에 의거하여 왕이 되었더라도, 왕이 된 이후에는 귀족들에만 의존하지 말고 평민들의 지지를 확보하여 입지를 강화해야 한다.

귀족과 평민을 막론하고 평온할 때의 태도와 시련기의 태도는 다를 수 있다는 점을 이해하고 관리해야 한다는 점이 중요하다. 평상시에 용감해 보이는 군인과 전쟁 시에 용감한 군인은 따로 있는 것처럼, 상황에 따라 태도가 달라지는 경우가 많다는 점을 이해해야 한다.

# 제10장 방어력이 최우선이다

## : 군주국의 세력을 측정하는 법

“

군주국의 특징을 살펴보는 데 반드시 고려해야 할 점이 있습니다. 그것은 유사시에 군주가 자신을 방어할 만한 힘을 갖고 있는가, 아니면 타인의 힘을 필요로 하는가입니다.

적군이 침략해 오고 군주가 이에 맞서 전투에 참여할 충분한 군사를 일으킬 수 있다면 그는 몸소 자신을 지킬 수 있지만, 전쟁터에서 적군을 대적하지 못하고 성벽 뒤에 숨어 자신을 보호하는 데 급급한 군주라면 언제나 다른 사람의 도움이 필요할 것입니다. 첫 번째의 경우는 이미 앞에서 언급했으므로, 차후 필요할 때에 다시 이야기하겠습니다. 두 번째 경우, 군주는 나라를 지키기 위해 다른 것에 신경 쓰지 말고 오직 도시의 성벽을 튼튼히 쌓고 전시 대비에 철저히 하는 것밖에 방법이 없습니다. 자고로 사람은 어려울 거라 예상하는 일에 잘 달려들지 않기 때문에, 이렇게 준비한 군주는 그리 쉽게 공격받지 않을 것입니다.

따라서 견고한 수비를 자랑하고 시민들의 사랑을 받는 군주가 적에게 공격당하는 일은 없을 것입니다.

강력하고 용감한 군주는 그의 신민들에게 고통은 그리 오래가지 않을 거라는 희망을 줘야 합니다. 다른 한편으로는 적의 잔혹함에 대해 경각심을 불러일으키고, 큰 목소리를 내며 나서는 듯 보이는 신민들을 교묘하게 달램으로써 그 같은 모든 어려움을 극복해 낼 수 있게 됩니다.

"

6장의 '무장한 예언자'와 같은 맥락이다. 군주의 필수역량은 자국을 방어할 수 있는 능력이다. 적국의 침공에서 맞설 능력이 없으면 다른 어떤 능력도 무의미하고, 신민들의 지지도 기대할 수 없다. 타국과 동맹을 맺어 방어력을 강화하는 것도 유효하나 이 역시 기본적 방어능력이 있어야 의미를 가진다.

따라서 방어력이 없으면 최우선적으로 이를 강화하는 것 이외에는 다른 대안이 없다고 주장한다. 나아가 물리적 방어력과 함께 신민들의 지지라는 화학적 방어력이 결합한다면 효과가 극대화될 것이고 다른 나라가 함부로 공격해 오지 못할 것이라고 지적한다.

이후 대목에서 독일 농촌의 튼튼한 방비를 언급하며 만약 적들이 침공하더라도 군주는 신민들과 공감대를 이루어 설득하고, 일부 겁먹거나 자신의 이익을 위해 배신하려는 집단을 적절히 관리하고 처리함으로써 공동체를 유지할 수 있다고 기술한다.

## 제11장 가톨릭이 지배한 교황령
### : 교회형 군주국

> 교회형 군주국들은 인간의 마음이 인식하지 못하는 힘에 의해 다스려지기 때문에 논의하지 않겠습니다. 이 국가들은 신에 의해서 세워지고 유지되기 때문에 그것들을 검토하는 것은 주제넘고 지각없는 인간의 처사가 될 것입니다.

교회형 군주국은 가톨릭 교황이 통치하는 교황령領을 의미한다. 마키아벨리는 감히 언급하는 것도 주제넘다는 입장으로, 논의하지 않는다. 《군주론》을 집필하는 1513년 기준으로 교황령의 세력권은 점점 확대되고 있었다. 이 때는 종교개혁이 시작되기 전으로, 유일신의 지상대리자였던 교황령은 당연히 지상유일의 교회군주국으로 기술되었다.

여기에 제시한 내용 이후 부분에서 체사레 보르자의 부친인 알렉산데르 6세가 로마를 사실상 지배하던 2대 귀족세력인 오르시니와 콜론나를 제압하고 이후 율리우스 2세에 이르기까지 교황권을 확립하는 과정을 우호적으로 서술하고, 신임 교황인 메디치 출신 레오 10세를 축원하면서 본 단원을 마무리한다. 여기에는 배경이 있다.

피렌체의 외교관 마키아벨리는 1512년 공화정이 무너지고 메디치의 군주정이 복원되면서 공직에서 추방되었고, 반역혐의로 투옥되어 고문까지 받았다. 그러나 같은 해 메디치 가문의 조반니 추기경이 교황 레오 10세로 즉위하면서 특별사면을 받고 석방되는 행운이 따랐고 이듬해《군주론》을 집필하였다. 병 주고 약 준 셈이 된 메디치 가문에 잘 보이기 위해 쓴《군주론》에서 메디치 가문 출신 신임 교황 레오 10세의 교황권 강화와 성공을 기원한 것은 어찌 보면 당연한 일이었다.

즉위한 레오 10세의 관심사는 문화와 예술이었다. 그는 사치스러운 생활로 교황청 재정이 바닥나는 상황에서 1517년 성 베드로 성당 건립자금 명목으로 '죽은 영혼을 죄에서 용서한다'는 면죄부免罪符를 대대적으로 팔고, 사제직司

祭職까지 매매하였다. 이러한 행위에 대한 비난이 높아지는 가운데 마틴 루터는 비텐베르크 성당에 '95개조 반박문'을 게재하였고, 레오 10세가 1521년 루터를 파문함으로써 종교개혁이 시작되었다.

교회 군주국은 정교일치의 신정체제다. 고대 이집트 파라오처럼 고대의 정치권력은 곧 종교권력이었고, 이후에도 이슬람 체제의 술탄, 티베트 불교의 달라이 라마처럼 정치권력과 종교권력은 일체화되어 강력한 통치체제를 구축하였다. 르네상스 후기의 교황 알렉산데르 6세, 율리우스 2세는 종교적 권위에 세속적 영토를 결합시켜 강력한 신정일치 국가를 지향했으나, 도덕적 타락과 현실적 역량의 한계로 오히려 종교개혁이라는 역풍을 맞게 된다.

## 제12장 용병은 오직 피해만 남긴다

: 군대의 다양한 종류와 용병

"

세습 군주국이나 신생 군주국, 혹은 복합 군주국이든 가리지 않고 모든 종류의 국가들을 이루는 주요 기반은 좋은 법과 좋은 군대입니다. 군대를 잘 양성하지 못한 국가에 좋은 법이 있을 수 없고, 튼튼하게 무장된 국가에는 잘 만들어진 법이 있기 마련입니다. 그런데 여기서는 법에 관한 논의는 접고 군대에 관해서만 이야기하겠습니다.

군주가 국가를 보호하기 위해 둔 군대는 자신의 군대이거나 용병, 외국의 원군 혹은 이 세 형태를 섞은 혼성군입니다. 용병과 원군은 쓸모가 없고 위험합니다. 군주가 이러한 군대들을 기반으로 국가를 장악하고 있다면, 그의 권력은 견고하지도 않고 안전하지도 못합니다. 그 군대들은 분열돼 있고 야망으로 가득하며, 규율은 안중에도 없고 충성심이 부족할 뿐 아니라, 동료들 앞에서는 용맹한 척하고 적들 앞에선 벌벌 떨며 비겁해지기 때문입니다.

그러한 군대의 파멸을 늦추는 것은 오직 공격의 지연뿐입니다. 군주는 평화 시 그들에게, 전쟁 중에는 적들에게 많은 것들을 빼앗깁니다. 그들에게는 몇 푼 안 되는 돈 외에 전장을 지킬 그 어떤 이유도 관심도 없습니다. 보수라고 해봐야 군주를 위해 죽을 만큼 충분하지도 않습니다. 그들은 전쟁이 없는 상황에서는 군주의 병사로서 행동하지만, 일단 전쟁이 발발하면 탈영을 하거나 적에게서 멀리 달아나 버립니다.

이러한 군대의 부적절함은 이 외에도 많습니다. 용병 대장들은 능력 있는 인물이기도 하지만 그렇지 않을 수도 있습니다. 만일 그들이 유능하다면, 군주는 그들을 믿어서는 안 됩니다. 그들은 언제나 자신의 성공만을 갈망하기 때문에, 그들의 주인이 되는 군주에게 맞서고 군주의 이익에 위배되는 행동을 하기도 합니다. 그런 그들이 능수능란하지 못하다면 군주는 (적과의 전쟁에서) 당연히 몰락의 길을 걷게 될 것입니다.

군주가 자신을 위해 군대를 부릴 때에는 그가 직접 사령관으로 나서 진두지휘해야 합니다. 하지만 공화국의 이름으로 군대를 움직일 때에는 시민들을 내세워야 합니다.

경험에 비추어 보면, 군주나 공화국이 그들만의 군대를 보유하고 있을 때 가장 큰 성과를 냈으며 용병들은 오직 피해만 남겼습니다.

수세기 동안 로마와 스파르타는 잘 양성된 군대 덕분에 독립을 유지할 수 있었습니다. 스위스 역시 완벽한 무장을 통해 완전한 독립을 유지하고 있습니다.

원시부족의 남녀분업 구조는 기본적으로 남자는 사냥과 전투, 여자는 채집과 가사였다. 남자는 평상시에 생업에 종사하다가 필요시 전투원이 되는 겸업형태에서 시작해 차츰 공동체 규모가 커지면서 사회적 분업이 진전되어 전투를 직업으로 하는 군인이 출현한다. 하지만 생산력이 낮았던 고대에 생산에 종사하지 않는 군인의 숫자를 무작정 늘릴 수는 없었고, 노예는 병사가 될 수 없었기에 상비군의 규모는 제한적이었다.

서양에서 돈을 받고 전투를 수행하는 용병傭兵, Mercenary은 고대 그리스의 폴리스 시대에 발달하였다. 1,000여 개의 폴리스가 이합집산離合集散하는 와중에 부유하지만 인구가 부족했던 폴리스는 금전을 지불하고 다른 폴리스의 병력을 동원하여 전쟁을 치르는 경우가 생겨났기 때문이다.

폴리스 시대 후기에는 용병들의 해외진출도 이루어졌다. BC 753년 이탈리아 반도의 중부에서 시작된 로마가 BC 3세기에 들어 남부로 진출하면서 그리스인들이 세운 도시국가인 타렌툼과 충돌하게 되었다. 타렌툼은 그리스에서 명망 있는 무장인 에페이로스의 왕 피로스를 고용하여 로마와 전쟁을 치르게 한다. 피로스는 바다 건너 이탈리아 반도로 진출하여 로마와 전투를 벌인다(BC 280). 뒤

이어 마찬가지로 카르타고와 충돌하던 그리스인들이 세운 시칠리아 도시국가들의 용병으로 참전하지만 승리하지는 못하고 그리스 본국으로 돌아온다.

고대 로마는 시민군 체제로 강력한 군사력을 구축하고 확장하였지만 BC 2세기 내전을 거치고 판도가 넓어지면서 직업군인 체제로 변화한다. 특히 율리우스 카이사르의 갈리아 정복 이후(BC 58~BC 52) 로마로 편입된 갈리아 지역에서 모집된 게르만 병사들은 황제정 시기 로마군의 주축이 된다. 그러나 마르쿠스 아우렐리우스 황제 사망 후 혼란기가 시작되면서 게르만 출신 용병들은 정치적 불안의 요인이 되고 결국 로마를 멸망시킨다.

로마 멸망 후 중세봉건시대는 왕, 봉건제후, 기사계급 간의 주종관계에 기초한 군사적 상하관계로 신분과 군사적 역할이 결합되어 있는 체제였다. 12~13세기 십자군 전쟁으로 봉건제도가 이완되고 화폐경제가 발달하는 상황에서 페스트까지 겹쳐 인구가 줄어들게 되었다.

때문에 영지를 유지하기 힘든 하급 귀족이나 생계가 곤란해진 기사들이 과거 주군과의 계약에 따라 전쟁에 참가하던 식에서 벗어나, 돈을 주는 고용주를 위해 자유롭게 참전하는 방식으로 변화했다. '자유롭게 창을 든다'는 의미의 프리랜서Freelancer, 즉 용병집단이 나타난 것이다. 이들은 동방무역으로 부유해졌으나 인구가 적어 상비군 유지가 어려웠던 이탈리아 도시국가들에 고용되어 활동했다. 마키아벨리 시대에는 밀라노 지배자인 스포르차 가문이 대대로 유명한 용병대장을 배출하였다.

토스카나 지방의 피렌체는 금융업으로 기반을 다진 메디치 가문이 교황청 은행의 역할을 맡게 되면서 번영하게 되었다. 부유하지만 인구가 적고 상비군에 대한 지도층의 인식도 낮아 필요에 따라 용병을 고용하고 있었다. 피렌체의 외교관 마키아벨리는 외교는 능란하나 무력 없는 국가, 즉 '사려와 힘'을 모두 갖지 못한 나라의 한계를 절감하였고 시민군의 필요성을 지도층에 역설하였다.

피렌체 주변 농민 400명을 보병으로 모집하여 1506년 피렌체 역사상 최초의 정규군이 도심행진을 벌였고, 이들은 1509년 6월 당시 피렌체 사활이 걸렸던 현안인 '피사 재점령'이라는 성과를 거둔다. 피렌체 정규군은 비상시 최대 5,000명을 소집하는 단계까지 발전했으나, 1512년 피렌체 공화국의 소데리니 정권이 친메디치 쿠데타로 붕괴되면서 유명무실해진다.

마키아벨리가 일관되게 용병의 해악을 강조하는 것은 실제 경험의 산물이다. 그의 주장처럼 용병은 속성상 목숨을 걸고 싸울 이유가 없고, 돈에 따라 적과 아군이 달라지는 일종의 직업일 뿐이다. 평상시 의전에서는 용감하고 멋있을지라도 실제 전투에서는 한계가 분명히 나타난다. 설사 전투에서 이긴다 하더라도 과도한 보상을 요구하여 큰 부담이 되고, 경우에 따라서는 내·외부 정치세력과 결탁하여 정정불안의 요인이 되기도 한다. 반면 시민군은 자신의 가족을 지키기 위해 싸운다는 점에서 참전의 목적이 분명하고 실제 현장에서 용감하게 싸운다.

용병무용론을 주장하는 마키아벨리의 관점은 당시 시대상 변화를 반영한다. 15세기 중반까지 이탈리아 도시국가들은 그들만의 리그를 벌였다. 상호간 갈등이 일어나거나 전쟁이 벌어져도 교황청이 개입하여 적정한 수준에서 마무리되곤 했으나, 15세기 후반에 들어서는 상황이 판이하게 달라졌다. 이전까지 분열되고 약했던 주변세력이 통일된 강대한 중앙집권 절대왕정 국가로 변모하면서 이탈리아 반도에 대한 영향력을 확대하려 한 것이다. 이 때문에 이탈리아 도시국가들은 존망의 위기에 봉착하게 된다.

1453년 영국과의 백년전쟁을 승리로 끝낸 프랑스는 봉건귀족세력이 약화되면서 왕권을 강화시키는 중앙집권제가 추진되고 상비군이 유지되었다. 내부정비를 마친 프랑스는 이탈리아에 관심을 돌려 1494년 샤를 8세의 나폴리 침공을 시작으로 이탈리아에 대한 영향력을 확대해 나갔고 피렌체는 직접 영향권에 있었다.

신성로마제국인 합스부르크 왕가의 막시밀리안 1세(재위 1486~1519)는 밀라노 공작 스포르차 가문의 마리아 스포르차와 결혼까지 하면서 이탈리아로 세력권을 확장하려 했다. 에스파니아는 아라곤 왕 페르난도가 이베리아 반도 무슬림의 마지막 보루이던 그라나다 왕국을 정복하여 이베리아 반도 전역에 통일왕국을 성립시켰다. 가톨릭의 수호자를 자처한 에스파니아는 교황을 매개로 자연히 이탈리아 반도의 정치에 개입하게 된다.

마키아벨리의 조국 피렌체를 비롯해 이탈리아 도시국가들은 이전까지 많아야 수천 명 단위의 용병으로 전쟁을 벌여 승패를 가리곤 했다. 그러나 이제는 수만 명의 상비군을 일시에 동원하는 강대국의 틈바구니에서 생존을 걱정하게 된 것이다.

## 제13장 내 군대만이 진짜 힘이다
### : 원군, 혼성군, 자국군

"

원군이란 군주가 외부 권력자에게 도움이나 보호를 요청했을 때 파견된 군대를 말하는데, 이 역시 쓸모없는 것이라 하겠습니다.

이 군대도 그 자체로서는 유용하고 도움이 되는 것이지만, 그것에 의지한 군주에게는 언제나 이롭지 않은 결과를 가져옵니다. 원군이 전쟁에서 패하면 군주는 목표를 이루지 못하게 되며, 원군이 이기면 그들의 뜻에 휘둘리게 되기 때문입니다.

따라서 승리를 원하지 않는 사람은 원군의 도움을 받아도 좋을 것입니다. 사실 원군은 용병보다 더 위험하며, 원군을 이용하면 파멸은 이미 준비된 것이나 마찬가지입니다. 원군은 잘 단합돼 있고, 다른 사람에게 순순히 복종합니다. 하지만 용병의 경우 그들이 전투에서 승리를 한다 해도, 군주를 위협할 수 있기까지는 더 많은 시간과 더 좋은 기회가 필요합니다. 용병은 군주가 모집하고 보수를 주기 때문에 하나의 단결된 공동체를 이루지 못합니다. 그리고 군주가 그들의 수장으로 임명한 제삼자도 즉각적으로 군주를 해할 정도의 충분한 권력을 차지하지 못합니다. 용병의 경우에는 그들의 비겁함이 (군주에게) 제일 위험하지만, 원군의 경우에는 용감함이 제일 위험합니다.

그러므로 현명한 군주는 언제나 이런 군대들을 이용하지 않고 자신의 군대에 의지합니다. 그리고 다른 군대들을 이용해 승리를 거두느니 자신의 군대와 함께 패하는 쪽을 선택합니다. 다른 군대들을 이용해 취한 승리는 진정한 승리로 여겨지지 않기 때문입니다.

여기, 체사레 보르자의 예가 있습니다. 이 공작은 프

랑스 군사들로만 원군을 동원해 로마냐 지방을 침략했고, 이몰라와 포를리를 함락시켰습니다. 하지만 그 후 체사레는 그들을 믿을 수 없었기 때문에 덜 위험해 보이는 용병으로 대체했습니다. 이들은 오르시니 가와 비텔리 가의 사병들이었습니다. 하지만 곧 그들 역시 의심스럽고 위험하며 충성스럽지 못하다고 판단하여 용병들을 해산시키고 자신의 사람들로 다시 군대를 조직했습니다.

모든 사람이 보기에 그가 자신의 군대를 완전히 장악한 것 같았을 때, 그는 최고의 존경을 받았습니다.

《구약성경》에서도 적절한 예를 찾을 수 있습니다. 다윗이 사울에게 가 팔레스타인의 용사 골리앗과 싸우겠다고 제안을 하자, 사울은 그 자신의 병기들을 다윗에게 주며 용기를 북돋아주었습니다. 하지만 다윗은 사울의 병기들을 착용해본 뒤 사양했습니다. 그리고 자신의 칼과 돌팔매로 적을 상대하고자 했습니다. 결론적으로, 타인의 병기를 짊어지는 것은 오히려 자신의 몸을 짓누르고 날렵한 움직임을 제한할 뿐입니다.

하지만 인간은 지혜가 부족하기 때문에, 한눈에 좋아 보이는 일에는 그 안에 독이 감춰져 있다는 것도 깨닫지 못한 채 덥석 시작합니다. 그러므로 독성이 나타날 때까지 독이 있다는 것을 깨닫지 못하는 군주는 현명하지 못한 자입니다. 물론 이러한 통찰력을 지닌 자는 소수입니다. 로마 제국의 첫 번째 재난을 자세히 검토해보면, 그것이 고트족을 용병으로 삼으면서 시작되었다는 사실을 알 수 있습니다. 왜냐하면 그때부터 로마 제국의 세력이 쇠퇴하기 시작했고 로마 제국의 기상을 드높이던 모든 용맹이 고트족에게 넘어갔기 때문입니다.

결론적으로, 어떠한 군주국도 자신의 군대 없이는 안전할 수 없습니다. 그리고 위기 가운데 자신을 보호할 역량이 없는 나라는 오직 운명에만 의지해야 합니다. 현명한 사람들은 "자신의 힘에 근거하지 않은 명성과 권력처럼 불확실하고 불안정한 것은 없다"라는 격언을 항상 잊지 않습니다. 군주에게 자신의 무력이란 신민 또는 시민, 혹은 부하들로 구성된 군대를 말하며, 그 외의 것들은 용병이나 원군이 됩니다.

용병보다 원군이 더욱 위험요소를 많이 가지고 있다는 점을 지적하는 대목이다. 거래관계인 용병은 그나마 돈의 문제로 귀착되지만 같은 편인 원군의 경우는 더욱 복잡한 문제를 야기한다. "원군이 전쟁에서 패하면 군주는 목표를 이루지 못하게 되는 것이며, 원군이 이기면 그들의 뜻에 휘둘리게 되기 때문입니다"에서 주장하는 바와 같이 원군은 져도 문제, 이겨도 문제다. 더욱이 다양한 이해관계가 얽혀 있는 용병과 달리 원군은 장수를 중심으로 단합되어 더욱 위험하다.

역사상 가장 극적인 사례를 남긴 원군은 오늘날 영국의 앵글로색슨이다. BC 55년 로마의 율리우스 카이사르는 당시 켈트족이 살던 잉글랜드 지역을 정복했다. 로마권역으로 편입된 후 300년 동안 문명화되면서 '로마의 평화' 시대를 누렸으나, 4세기 들어 로마제국이 말기의 혼란상을 보이며 주둔하던 로마군을 본국으로 철수해 버린다.

이 틈을 타서 북쪽으로 쫓겨난 과거 켈트족의 일파인 스코트족이 남쪽의 로마화된 켈트족을 공격하자, 궁여지책으로 오늘날 독일북부에 살던 작센Saxen족에게 원군을 요청한다. 작센족은 이웃한 앵글로족과 함께 원군으로 잉글랜드에 도착하여 오히려 터줏대감인 켈트족을 몰아내고 주인이 된다. 잉글랜드란 앵글로족의 나라라는 의미이고 앵글로색슨은 앵글로작센의 영어식 발음이다.

1592년 발발한 임진왜란에서도 위기에 빠진 조선에 명나라의 구원병이 도착하여 전세를 반전시킨다. 하지만 당시 명나라 군사들의 폐해가 극심해 조정과 백성들이 큰 고통을 겪어야 했다. 전쟁 후 조선은 정신적으로 명에 종속되어 심지어 명이 멸망하고 나서도 명나라 황제의 사당인 만동묘까지 지어 성역화하는 등 존명사대주의 사상에 빠져 버린다.

마키아벨리가 예시한 체사레 보르자는 로마냐 지방을

정복하면서 프랑스 군대의 지원을 받았다. 그러나 1차적 목표를 달성한 후에는 용병으로 대체하고, 이어서 용병들도 퇴출시킨 후 자신의 군대로 대체했기에 신속하게 기반을 확보할 수 있었다고 평가한다.

## 제14장 무력은 때론 신성하다

: 군주가 군사에 관해 생각해야 할 것은 무엇인가

“

군주는 전쟁과 그 원칙 그리고 훈련 외에는 다른 어떤 것도 목표로 삼거나 흥미를 가져 연구 대상으로 선택해서는 안 됩니다. 이러한 것들은 오직 군주를 위해 존재하는 것이기 때문입니다. 이 지식은 세습 군주의 지위를 유지시키고, 종종 일반 병사를 군주로 만들어줄 수 있습니다. 반면에 군주가 군인의 직무보다 안락함에 더 관심을 갖는다면, 그는 자신의 국가를 잃게 될 것입니다. 군주가 자신의 권력을 잃는 것은 군인의 직무를 가벼이 여겨서이며, 국가를 손에 넣게 되는 것은 이러한 직무에 능통하기 때문입니다.

무력을 제대로 갖추지 않았을 때 나타나는 여러 폐

해들 중 하나가 타인에게 경멸을 받는 것입니다. 이는 군주가 경계해야 할 수치스러운 일 가운데 하나입니다. 무력을 가진 것과 그렇지 않은 것에는 엄청난 차이가 있습니다. 무력을 가진 자가 갖지 않은 자에게 기꺼이 복종하는 것은 생각할 수 없는 일입니다. 또한 무력을 갖지 않은 군주가 무력을 가진 부하들 사이에 안전할 수 없으리라는 것도 당연한 일인데, 후자는 전자를 경멸하고 전자는 후자를 의심하게 되므로, 이들이 함께 일을 도모해 좋은 결과를 내기란 불가능합니다.

그리고 위에서 언급한 불미스러운 일 외에도, 군사를 잘 모르는 군주는 그의 부하들에게 존경을 받지 못하고 군주 역시 부하들을 신뢰할 수 없게 됩니다. 따라서 군주의 머릿속에는 항상 군사에 관한 생각이 있어야 하며, 평화 시에도 전시보다 더 많은 관심을 기울여야 합니다. 그 방법으로는 훈련과 연구가 있습니다.

지적인 훈련을 위해 군주는 역사서를 읽고 위인들의 행적을 연구해야 합니다. 그리고 그들이 어떻게 전쟁을 수행했고 승전과 패전의 원인은 무엇이었는지 잘 살펴보아야 합니다. 이것은 모두 전쟁에서 패하는 것을 피하고 승리하기 위한 것입니다. 사실 과거의 위대한 인물들 역시 그 자신에 앞서 칭송받고 이름을 떨쳤던 인물들을 모범으로 삼아, 언제나 그들의 행적과 성과를 마음 깊이 새기며 모방하려 했습니다.

그 예로 알렉산드로스 대왕은 아킬레스를, 카이사르는 알렉산드로스를, 그리고 스키피오는 키로스 2세를 모방하려 했습니다. 크세노폰이 저술한 키로스 2세의 생애를 읽은 사람이면 누구나 스키피오가 평생 동안 이 책에 나와 있는 대로 키로스 2세를 모방해, (키로스 2세처럼) 성적으로 방탕하지 않고 상냥하며 인간적이고 인색하지 않았으며 결국 큰 영광을 누리게 되었다는 사실을 확인할 수 있을 것입니다. 현명한 군주는 이와 같은 행동들을 눈여겨보고, 평화 시에도 절대 게을리 빈둥거리지 않으며 부지런히 자신의 자원들을 갈고 닦아, 운명이 바뀌고 위험이 닥쳐도 그것에 맞설 수 있도록 만반의 준비를 해둡니다.

”

개인이든 국가든 타인으로부터 자신을 지킬 수 없다면 다른 능력은 무의미하다. 높은 문화수준도 최고의 경제력도 적군의 말발굽아래 짓밟히면 그것으로 끝이다. 무력은 혼란기에 권력을 획득하게 하는 핵심요인이고, 평화시에는 드러나지 않지만 권력을 뒷받침하는 기본요소이기도 하다.

외교관으로서 마키아벨리는 무력이 뒷받침되지 않는 외교의 공허함을 현장에서 절실히 느꼈기에 군주의 군사적 역량을 더욱 강조한다. 이는 16세기 초반 이탈리아가 질서재편의 혼란기였기 때문이다. 앞서 설명했듯이 15세기 후반 프랑스, 오스트리아, 에스파니아 등 강대국들은 절대왕정체제를 수립하면서 내부정비를 끝내고 외부로 눈을 돌리고 있었고, 특히 부유한 이탈리아에 대한 영향력 확대에 관심이 높았다.

당시 이탈리아는 교황령, 베네치아 공화국, 피렌체 공화국, 밀라노공국의 5대 세력에 페라라 공국, 우르비노 공국, 만토바 후국, 시에나 공화국, 제노바 공화국 등 군소세력이 각자 이해관계에 따라 이합집산하고 있었다. 특히 교황령의 확대를 통한 세속군주로서 위상을 확보하려는 알렉산데르 6세, 율리우스 2세가 도시국가 간 역학관계를 이용해 강대국 세력을 끌어들이면서 정세는 더욱 혼미해지고 있었다.

피렌체는 금융업으로 돈을 벌었고 최고의 문화수준을 자랑했지만 정규군이 없었다. 프랑스의 영향권에 들어가서 교황청의 눈치를 살피고 생존을 걱정하며 '타인에게 경멸받는 처지'에 불과했던 것이다. 이런 배경에서 마키아벨리는 군사적 승리를 바탕으로 단기간에 로마냐 지방의 지배자로 올라선 체사레 보르자(발렌티노 공작)를 모델로, 미래 피렌체 지도자인 메디치 가문의 승계자에게 군사적 역량을 갖출 것을 주문하고 있는 것이다.

# 제15장 이상보다는 진상을 추구하라

## : 군주는 어떤 일로 칭송과 비난을 받는가

"

어떤 일을 행할 때 이상理想보다는 그 사건의 진상眞相을 따르는 게 더 적절합니다. 많은 사람들은 실제 존재하지도 않는 공화국이나 군주국을 상상했습니다. 그러나 사람이 '어떻게 사는가'의 문제는 '어떻게 살아야 하는가'의 문제와 분명 다르기 때문에, 해야 할 일만 내세우고 실제 행해지는 일에 무심한 군주는 자신의 지위를 보존하기보다 잃기 쉽습니다. 모든 공사公事를 선으로 행하는 군주는 패악한 무리 가운데 있을 때 곧 파멸하게 됩니다. 그래서 자신의 권력을 유지하려는 군주는 상황에 따라서 선행을 포기하고 악행을 취할 줄도 알아야 합니다. 그러므로 이상적인 문제는 잠시 제쳐두고, 현실적인 문제로 넘어가 보겠습니다. 보다 높은 위치에 있는 군주들은 어떤 자질들 때문에 칭송이나 비난을 받고 후하거나 인색하다고 평가받는지 잘 알고 있어야 합니다.

후한 사람과 욕심 있는 사람, 잔인한 사람과 자비로운 사람, 신의가 있는 사람과 그렇지 못한 사람, 여성적이고 겁이 많은 사람과 대담하고 용기 있는 사람, 상냥한 사람과 거만한 사람, 음탕한 사람과 절제하는 사람, 진실한 사람과 교활한 사람, 완고한 사람과 너그러운 사람, 신중한 사람과 경솔한 사람, 신을 믿는 사람과 그렇지 않은 사람 등으로 평가받는 것도 마찬가지입니다.

이러한 자질들 가운데 좋은 것으로 평가받는 특성을 모두 갖춘 군주라면 최고의 칭송을 받아 마땅할 것입니다. 하지만 한 사람이 이 모든 것을 갖추기란 불가능하고, 인간의 상황 또한 그렇지 못하기 마련입니다. 때문에 신중한 군주는 자신을 파멸시킬 수 있는 비난을 어떻게 피해야 할지 잘 알고 있어야 하며, 권력 유지에 위험을 초래하지 않을 악행일지라도 그것을 삼가야 합니다.

하지만 이것이 불가능하다면, 악행에도 주저함이 없어야 합니다. 또한 권력을 유지하기 위해 어쩔 수 없이 악행을 저질러야 한다면, 그로 인해 비난이 생기는 것도 신경 쓰지 말아야 합니다. 모든 상황을 주의 깊게 고려해볼 때, 미덕으로 보이는 것이 군주를 파멸시킬 수도 있고 악덕으로 보이는 것이 안전과 번영을 가져올 수도 있기 때문입니다.

사람이 '어떻게 사는가'의 문제는 '어떻게 살아야 하는가'의 문제와 분명 다르다는 대목과, 군주는 관념적 '이상'이 아니라 현실적 '진상'을 이해하고 추구해야 한다는 대목은《군주론》의 핵심관점이다. 종교인이나 학자들은 관념적 이상을 주장하고 설파하는 것으로도 충분하지만 현실의 리더는 이상을 품되 눈앞의 문제에 대처하고 공동체를 유지하는 것이 기본임무이기 때문이다.

서양에서 플라톤, 아리스토텔레스 이후 종교가 지배한 중세에 이르기까지 정치학은 곧 윤리학이었다. 마키아벨리의 표현에 따르면 사람들은 '어떻게 살아야 하는가'의 문제의식으로 '실제 존재하지도 않는 공화국이나 군주국을 상상'하곤 한다. 이를 바탕으로 추상적이고 이상적인 정치체제와 지도자를 상정하여 이론을 발전시켜왔다.

마키아벨리는 서양에서 정치학을 윤리학에서 분리시킨 최초의 사상가다. 그는 냉혹하고 복잡한 현실문제의 본질을 이해하고 해결할 수 있는 역량이 군주의 기본임무이며 정치의 근본임을 설파한다.

군주의 덕성 부분도 마찬가지다. 인간이 도달하기 어려운 이상형을 추구하는 도덕군자를 지향하는 것이 실제로는 불가능하다고 분명히 결론 내린다. 물론 경솔한 악행으로 불필요한 비난을 불러일으키는 것은 삼가야 하지만, 동시에 통상적 개념의 악행이 불가피한 상황이라면 과감히 실행해야 한다고 권고한다.

나아가 군주는 일반인의 통상적 선·악의 개념을 초월하는 관점을 확립해야 한다고 말한다. 통상적 선과 악의 개념이 중요한 것이 아니라 공동체의 번영에 도움 되는가 여부가 중요한 판단기준이 되어야 한다는 것이다. 이처럼 《군주론》이라 하면 흔히 떠올리는 저급한 현실론이 아니라, 고차원적 현실론의 기본 개념이 잘 나타나 있다.

부연하자면 통상 사람의 생명을 해치는 것은 분명한 악

행이다. 하지만 조국을 침공하는 적국을 맞아 싸우는 과정에서 피아간에 인명 손실이 나는 것을 단순히 악행이라고 하기는 어렵다는 개념이다.

## 제16장 때로는 인색함이 더 이롭다

: 후함과 인색함

앞서 말한 자질들 가운데 첫 번째 사항에 대해 이야기하겠습니다. 후하다는 말을 듣는 것은 좋은 일이지만, 좋은 평판을 얻지 못하고 후하기만 하다면 이 역시 해가 될 것입니다.

사람들에게 후하다는 평판을 유지하려면 사치스럽게 보여야 하고, 이를 위해 군주는 재물을 소비할 수밖에 없으며 결국 모든 것을 탕진하고 말 것입니다. 그래도 계속해서 같은 평판을 얻고 싶다면 군주는 시민들을 과도하게 짓누르며 세금을 걷고, 돈을 모으기 위해 할 수 있는 일은 모두 다 할 것입니다. 그러면 시민들은 그를 곧 미워하게 되고 이미 가난해진 그는 존경받지 못하게 될 것입니다.

이처럼 아무런 대가 없이 후한 행동을 보이고 동시에 후하다는 평판을 얻는 것은 불가능합니다. 때문에 현명한 군주라면 인색하다는 평판을 두려워해서는 안 됩니다. 왜냐하면 그의 세입이 충분하고 외부의 모든 공격을 막아낼 수 있으며, 시민들에게 부담을 지우지 않고 대규모의 사업을 벌일 수 있다는 사실을 사람들이 깨닫게 되면 군주는 실제보다 더 후한 인물로 여겨질 것이기 때문입니다.

우리 시대에 위대한 성과를 거둔 자들은 모두 인색하다고 여겨지는 사람들이었고, 그렇지 못한 사람들은 실패를 맛보았습니다.

그러므로 군주는 인색하다는 평판을 듣는 것에 괘념치 말아야 합니다. 비록 인색함이 악덕 가운데 하나이긴 하지만, 한 국가의 통치 지배를 가능하도록 하기 때문입니다.

그리고 후한 행동처럼 자기 소모적인 것도 없습니다. 후한 태도를 보이면 보일수록 궁핍해지거나 업신여김을 당하게 되어, 더는 그러한 미덕을 발휘할 수 없기 때문입니다. 그뿐 아니라 빈곤을 피하기 위해 탐욕스러워지고 사람들의 미움까지 받게 됩니다. 이처럼 후한 태도는 경멸과 미움으로 이르기 때문에, 군주는 업신여김 당하거나 미움을 받지 않도록 경계해야 합니다. 따라서 현명한 군주는 설령 인색하다는 말을 듣고 비난을 받는다 하더라도 미움을 사지 않는 쪽을 택합니다.

군주가 조직을 운영하는 경제적 관점의 기본과 역설을 이야기하는 대목이다. 경제적 관점에서 모든 활동은 '제한된 자원을 효과적으로 사용하는 행위'다. 언제나 들어오는 건 적고 쓸 데는 많은 게 돈이다.

군주도 재정수입으로 국방, 외교, 행정, 건설 등 제반 지출을 효과적으로 행해야 한다. 이러한 지출에는 당장 신민들의 인기를 얻는 선물이나 축제도 있고, 장기적으로 미래를 대비하는 국방, 사회간접자본 투자도 있다. 군주가 신민의 인기를 얻으려 물질적으로 후하게 베풀면 눈앞에서 환호성을 지르겠지만, 능력을 넘어서는 관대함이 지속될 수는 없다. 결국 재정 파탄을 불러올 수 있기 때문이다.

따라서 오히려 '인색하다'는 평을 얻는 것이 공동체에 이롭다는 역설이다. 본래 권력자란 눈앞의 인기에 현혹되기 마련이고, 인간이라면 누구나 받을수록 더 받고 싶기 마련이다. 이런 문제는 오늘날에도 '복지'라는 주제로 형태만 바꾸어 존재하는 정치현안이다.

통상적 의미에서 '후하다'는 선한 덕목이고 '인색하다'는 악한 덕목이다. 하지만 국가 정책에 있어 결과적으로 놓고 보면 선악을 단순하게 판단할 수 없다는 점에서, 이 또한 선악을 초월하는 고차원적 현실론이라 할 수 있다.

사람이 중병에 걸렸을 때 이를 직시하고 수술하는 위험을 감수하면 회생 가능하지만, 당장 눈앞에서 따뜻한 말을 건네고 위로하면서 진실에 마주하지 않고 시간을 보내면 회생의 기회조차 놓치게 된다. 이는 국가와 기업도 마찬가지이다.

교세라 창업자 이나모리 가즈오 회장은 파나소닉 창업

자 마쓰시타 고노스케, 혼다 창업자 혼다 쇼이치로와 함께 일본에서 가장 존경받는 3대 기업가로 꼽힌다. '씨 없는 수박'으로 유명한 세계적 육종학자 우장춘 박사의 사위라는 인연도 있어 우리나라에서도 높은 평가를 받고 있다.

1959년 27세의 나이로 사업을 시작해 아메바 경영이라는 독특한 방식을 통해 세계적 기업으로 성장시켰다. 적극적인 인수합병으로 사업영역을 확장했지만, 평소 불교사상에 심취하여 인간 중심의 경영을 강조하고 피인수 기업의 가치를 공유·존중하는 그만의 철학으로 통합과정은 순조로웠다. 그는 65세가 되는 2005년에 은퇴하면서 퇴직금 전액을 모교와 교육기관에 전액 기부하고 불교로 출가하여 스님생활을 하기도 하였다.

2010년 파산한 일본항공JAL의 회생을 책임질 경영자로 취임하여 2010년 8월 법원 회생계획 제출 이후 4만 8,000명 중 1만 6,000명을 감축하는 일본 기업사 전무후무한 매머드 구조조정을 1년 만에 완료했다. 이후 2011년부터 매년 2조 원대 영업이익을 내는 회사로 재탄생시켰다.

그는 이 과정에서 함께 기업회생을 지휘했던 오니시 마사루 사장에게 "소선小善은 대악大惡과 닮아 있고, 대선大善은 비정非情과 닮아 있다"라는 지론을 펼쳤다. "몇몇 사람에게

작은 선을 베푼다고 한 것이 전체적으로 보면 좋지 않은 것일 수 있다. 또 사람들에게 아주 쓰라린 것을 얘기하는 것이 전체적으로는 아주 좋은 것일지도 모른다. 예전의 경영자들은 '이렇게 하면 피를 조금만 흘리고도 반드시 좋아질 것'이라 믿으며 소선小善을 반복해 왔다. 하지만 그것은 옳지 않았다. 많은 피를 흘리지 않으면 회사는 재생할 수가 없었던 것이다."

인간중심의 경영철학으로 유명한 그는 직원감축도 비록 악덕이지만 결국 조직을 회생시킨다는 점에서 장기적으로 선이라는 생각을 분명히 가졌던 것이다.

이처럼 리더는 통상적 선악의 협소한 개념을 벗어나 넓은 시각으로 인간과 세계를 이해할 능력이 있어야 한다. 이는 눈앞에 보이는 단순한 선악의 이분법이나 일차원적 인과관계를 뛰어넘어, 세상사 이면에 감춰져 있는 복합적 선악의 개념과 고차원적 인과관계를 이해하고 행동해야 한다는 점을 웅변하는 사례다.

## 제17장 도덕정치는 허상이다

: 잔인함과 인자함, 사랑 받는 것과 두려움을 느끼게 하는 것 가운데 어느 것이 더 나은가

"

앞에서 언급한 군주의 다른 기질들을 좀 더 언급해 보겠습니다. 저는 모든 군주는 잔인하지 않은, 인자한 사람으로 평가받는 것을 더 추구해야 한다고 생각합니다. 하지만 그렇다고 해서 인자함을 남용해서는 안 됩니다. 체사레 보르자는 비록 잔인한 인물로 악명이 높았지만, 그의 잔인함은 로마냐를 진정시켰고 통일했으며 그곳을 평화롭고 충성스러운 곳으로 만들었습니다. 이러한 일들을 고려할 때, 잔인하다는 평판을 피하기 위해 피스토이아가 파멸하도록 방치했던 피렌체 사람들보다 체사레 보르자가 훨씬 더 자비롭다고 볼 수 있을 것입니다. 군주는 자신의 신민들이 단합되고 충성스러운 한, 잔인하다는 평판에 신경 쓸 필요가 없습니다.

사실 모두에게 자비를 베풂으로써 살인과 탈취가 횡행하는 무질서를 낳기보다 본보기로 몇몇 사람을 처벌하고 전체의 질서를 바로잡는 것이 훨씬 자애로운 것입니다. 전자는 시민 모두에게 해를 끼치지만, 후자는 군주가 처벌한 개인에게만 피해가 돌아가기 때문입니다.

그런데 사랑을 받는 것과 두려움을 느끼게 하는 것 가운데 어느 것이 더 나은가라는 문제가 있습니다. 모두 중요하지만 사랑과 두려움을 동시에 얻는 것은 어려운 일입니다. 둘 중 하나를 선택해야 한다면 사랑보다 두려움을 얻는 것이 더 안전하다고 생각합니다. 이는 일반적인 이야기로, 인간이란 자고로 은혜를 모르고 변덕스러우며 기만적이고 비열하며 탐욕스럽습니다.

군주가 부와 명성을 누리고 있을 때, 사람들은 절대 충성을 맹세합니다. 마치 그들의 자식과 재산, 생명, 피 한 방울까지 모두 바치려고 하는 것 같지만, 이는 그럴 필요가 없을 때이기 때문입니다. 그런데 상황이 바뀌어 정말 그러한 것들이 필요할 때, 그들은 군주에게서 등을 돌립니다. 그만 믿고 다른 대책에 소홀했던 군주는 파멸을 피할 수 없습니다. 숭고하고 위대한 정신이 아닌 대가를 지불해 얻은 우정은 이해타산에 근거하여 확실치 않고 정작 필요한 때 도움이 되지 못합니다.

사람은 두려움을 불러일으키는 자보다 사랑을 베푸는 자를 해할 때 덜 주저하는 법입니다. 사랑은 은혜나 감사에 관련된 것으로, 본성이 비열한 인간은 자신의 이익에 따라 그것을 저버리기도 합니다. 하지만 두려움은 처벌에 대한 공포로 유지되며 실패하지 않습니다.

군주는 비록 사랑을 얻진 못해도 미움 받는 일은 피해야 합니다. 미움을 받지 않는다면, 시민과 신민들의 재산과 여자에 손을 대거나 하지 않는 한 두려움을 느끼게 하는 것이 가능하기 때문입니다. 누군가의 생명을 해할 필요가 있을 때, 군주는 정당한 명분과 함께 반드시 그 이유를 밝혀야 합니다. 그리고 무엇보다 타인의 재물에 손대지 말아야 합니다. 인간은 아버지의 죽음보다 재물의 상실을 더 잊지 못하기 때문입니다.

하지만 군주가 자신의 군사들을 통솔하고 많은 병사

들을 지휘할 때, 잔인하다는 평판에 괘념치 않는 것이 중요합니다. 그렇지 않고는 군대를 단결시키고 그들의 의무를 다하게 할 수 없기 때문입니다. 한니발의 위대한 행적 중 주목할 만한 게 있습니다. 그가 다양한 종족으로 구성된 수많은 군대를 이끌고 외지에서 전쟁을 치를 때, 상황이 좋든 나쁘든 그들 사이에서는 사소한 불화도 지도자에 대한 어떠한 저항도 없었다는 것입니다. 한니발의 끝없는 용기와 비인간적 잔인함은 그의 병사들에게 존경심과 두려움을 자아냈습니다. 분명 이런 잔인함 없이 그의 다른 미덕들만으로는 그런 결과를 낼 수 없었을 것입니다. 그런데 통찰력이 부족한 저술가들은 한니발의 성공은 높이 평가하면서도 성공의 주된 이유인 잔인함은 비난하고 있습니다.

두려움을 느끼게 하는 것과 사랑 받는 것에 대한 문제로 되돌아가 결론을 내린다면, 사람들은 자신의 뜻에 따라 사랑을 베풀고 군주의 행동에 따라 두려움을 느끼기 마련입니다. 따라서 현명한 군주는 타인에게 휩쓸리지 않고 자신의 뜻을 밀고 나가야 합니다.

군주가 덕성으로 신민들을 대하고 교화하여 신뢰를 바탕으로 모두 행복한 공동체가 된다는 소위 '도덕정치'는 분명 바람직한 지향점이고 유효한 명분이지만, 실제와 거리가 있다. 즉 군주가 도덕정치를 지향하는 것과 실제로 도덕정치가 실행되어 공동체가 유지되는 것은 별개의 문제이기 때문이다. 앞서도 얘기했듯이 종교인이나 지식인들은 이상향만 이야기하는 것으로 소임을 다하지만 현실세계의 리더는 그렇지 않다.

군주의 잔인함과 인자함, 사랑을 받거나 두려움의 대상이 되는 것도 앞서 선악의 개념을 논한 부분과 동일한 맥락이다. 당연히 인자함을 지니고 사랑 받는 것은 중요하지만 공동체 전체를 위해 필요하다면 잔인하거나 두려움의 대상이 될 수도 있어야 한다는 관점이다. 누구나 착하고 선량하게 보이고 싶어 하는 것이 당연지사인 상황에서 마키아벨리는 인간세상의 불편한 진실을 냉정하게 다루고 있다. 특히 당시는 소위 신의 대리인인 교황이 세속권력으로 군림하면서, 내세우는 명분은 더없이 고상하나 실제로는 속임수와 잔혹한 행동을 거침없이 행하는 이중적 세태였다.

사례로 든 피스토이아Pistoia는 이탈리아 서부연안의 피사와 피렌체 사이에 있는 피렌체 세력권의 도시다. 공업이 발달하여 15세기 중반 한 손으로 쏘는 권총인 피스톨Pistol이 처음 만들어진 곳이다. 르네상스 후기 피스토이아는 판챠티키 가문과 칸체리에리 가문으로 분열되어 반목하고 있었다. 정치적 갈등 차원이 아니라 서로 무기를 들고 싸우면서 가옥이 파괴되고 유혈사태까지 발생하는 심각한 지경이었다. 피렌체는 서로 화해시키기 위해서 노력하였으나 결국 실패하고 두 가문의 우두머리들을 투옥하거나 추방하는 방법으로 가까스로 평정을 되찾았다. 하지만 뒤늦은 조치의 대가는 컸다.

반면 체사레 보르자는 로마냐 지방을 정복하는 과정에서 오르시니 가문, 비텔리를 비롯하여 시에나, 페르모의 영주 등 후일 '마조네의 난'으로 불리는 반란자들을 처형하고, 자신의 심복으로 로마냐 지방을 다스리던 레미로 데 롤카도 제거한다. 하지만 단기간에 무법천지였던 로마냐 지방의 질서를 회복할 수 있었다는 점에서 이는 자애로운 행동으로 평가한다. 몇 명을 처벌하고 전체의 질서를 확립했기 때문이다.

마키아벨리는 주요세력들이 심각하게 분열하고 반목하는 도시를 평정하는 데 있어 타협과 화해는 가장 위험하고 불확실한 방책이며, 주요세력의 우두머리를 제거하거나 추방하는 방법으로 문제의 근원을 없애야 한다고 주장한다(《로마사 논고》 3권 27장). 타협과 화해는 결국 양자 간의 중간에서 봉합해 두는 것으로, 실제로는 모두에게 불만이 되기 마련이고 조금이라도 상황이 바뀌면 결국 다시 불붙게 된다. 그래서 문제를 해결할 때는 타협이 아니라 원칙이 우선이라는 점을 분명히 한다.

군주가 사랑과 두려움을 모두 받는 것은 어렵고, 선택하라면 두려움을 받는 것이 안전하다는 주장도 자칭 도덕군자 부류들과는 상반되는 주장이다. "사람은 두려움을 불러일으키는 자보다 사랑을 베푸는 자를 해할 때 덜 주저하는 법"이며 "비록 사랑을 얻진 못해도 미움 받는 일은 피해야 합니다"란 대목은 세상사의 본질적 측면을 통찰하고 있다. 여기서 이야기하는 두려움을 정확히 표현하자면 '공포', '무서움'보다는 '공경하면서도 두려워하는 감정'인 경외감에 가깝다. 리더가 공포의 대상이 되어서도 안 되지만 경멸의 대상으로 얕잡아 보여서도 안 된다는 점에서 그렇다.

"인간은 아버지의 죽음보다 재물의 상실을 더 잊지 못한다"는 부분은 《군주론》의 백미이며, 가장 불편한 진실이다. 인간이라면 누구나 아버지의 죽음을 애통해하고 오래 기억한다고 남에게 이야기하고 자신도 그렇게 믿겠지만 실제는 다르다는 점이다. 이는 의식과 당위의 문제가 아니라 본능과 잠재의식의 문제다. 즉 '가족 모두가 서로 아끼고 사랑하는 것'은 당위이지만, 사랑하던 부부가 이혼하면서 위자료 소송을 제기하고 존경하던 부모님 별세 이후 자식들 간에 재산분쟁이 발생하는 것은 엄연한 현실이다.

모든 생물개체의 목표함수인 '생존과 번식'은 인간 문명세계에서는 '생명과 재산'의 문제로 귀착된다. 재산은 생명을 유지하고 번식을 가능하게 하는 도구이기 때문이다. 따라서 기본적 재산이 없으면 법과 질서도 무의미하고 도덕과 윤리도 실종되기 마련이다. 왕도정치의 이념으로 덕치를 주장했던 맹자孟子조차 "무항산 무항심無恒産 無恒心", 즉 "재산이 없으면 바른 마음을 유지하기 어렵다"고 이야기했다.

이런 점에서 고차원적 리더란 '아버지의 죽음을 슬퍼한다고 이야기하고 심지어 스스로도 그렇게 믿지만 실제로는 재물의 상실을 더 잊지 못하는' 인간들의 본능과 속성을 이해하고 통치하는 군주다. 아버지의 죽음보다 재산의 상실을 더 잊지 못하는 인간들을 개탄하며 '아버지의 죽음을 더 슬퍼해야 한다'고 주장하고 교화하려는 도덕군자 및 종교인들은 그 자체로 의미는 있으나, 만약 군주가 이런 당위론에 매몰되면 공동체는 허상만 추구하다 현실에서 파멸하기 십상이다.

1215년 영국 왕의 임의적 조세권을 제한한 마그나 카르타 이후 근대법의 발전과정은 개인의 '생명과 재산'에 대한 정치권력의 자의적 침해를 제한하는 과정으로 압축할 수 있다. 우리나라 헌법에서도 국가의 기본임무는 국민의 '생명과 재산' 보호다.

마키아벨리는 정치권력이 자의적으로 신민의 재산을 탈취하면 두려움이 아니라 미움 또는 증오와 경멸의 대상이 되기에 가장 기피해야 한다고 본다. 군주의 행동이 공동체를 위한 것이 아니라 자신의 이익을 위한 것임을 직관적으로 이해하기 때문이다.

중국역사의 비조인 사마천은 2,500년 전 《화식열전》을 통해 이렇게 말했다.

"세상을 가장 잘 다스리는 방법은 자연스러움을 따르는 것이고, 그 다음은 이익을 이용하여 이끄는 것이고, 그 다음은 가르쳐 깨우치는 것이고, 또 그 다음은 백성들을 가지런히 바로 잡는 것이며, 가장 정치를 못하는 것은 재산을 가지고 백성들과 다투는 것이다."

## 제18장 좋은 성품을 '갖춘 척' 하라

: 군주는 어떻게 신뢰를 지켜야 하는가

"

신뢰를 지키며 교활하지 않게 성실히 사는 군주는 모두가 칭송받아 마땅하다고 생각합니다. 하지만 여러 사례들을 통해, 위업을 쌓은 군주가 얼마나 사소한 일에 신뢰를 보이지 않고 계략을 통해 사람들을 혼란케 했는지, 그리고 결국 신의를 지킨 군주들을 어떻게 능가하게 되었는지 잘 알 수 있습니다.

싸움에서 승리를 얻는 데는 두 가지 방법이 있습니다. 하나는 법에 의한 것이며 다른 하나는 힘에 의한 것입니다. 첫 번째 방법은 인간에게 적합한 것이고, 두 번째 방법은 짐승에게 적합한 것입니다. 하지만 종종 전자만으로는 부족하기 때문에, 두 번째 방법에 의지할 필요가 있습니다. 따라서 군주는 인간의 방법과 짐승의 방법이 어떻게 자신에게 도움이 될지 잘 알고 있어야 합니다.

고대의 저술가들은 이를 군주들에게 비유적으로 가르쳤습니다. 즉 그들은 아킬레스와 고대의 다른 많은 군주들이 반인반수半人半獸의 괴물 케이론에게 맡겨져 그들의 규율 아래 훈육 받았다는 사실을 언급했습니다. 이처럼 반인반수를 교사로 삼았다는 것은, 군주가 이 둘의 본성을 다 사용할 줄 알아야 하며 그중 하나의 본성만으로는 권력을 오래 유지할 수 없다는 것을 의미합니다.

따라서 짐승의 방식을 적용하려는 군주는 여우와 사자를 모방해야 합니다. 사자는 덫에 걸리지 않는 방법을 모르고 여우는 늑대에게 잡히지 않는 방법을 모르기 때문에, 덫을 찾아내기 위해선 여우가 되고 늑대를 겁주기 위해선 사자가 되어야 합니다. 하지만 단순히 사자의 방식에만 의지하려는 자는 그들에게 곧 어떤 일이 닥칠지 깨닫지 못합니다.

그래서 현명한 군주는 신의를 지키는 것이 그에게

불리할 때 혹은 약속을 맺은 이유가 더는 존재하지 않을 때, 약속을 지키지 말아야 합니다. 만일 인간이 전적으로 선하다면 이러한 수칙은 수용할 수 없는 것입니다. 하지만 인간은 사악하고 당신과의 약속을 지키지 않기 때문에, 군주 역시 그것에 얽매일 필요가 없습니다.

군주는 앞서 언급된 모든 성품들을 실제로 갖출 필요는 없지만, 그것을 갖춘 듯 보이는 것은 꼭 필요합니다. 게다가 그러한 성품들을 갖추고 늘 그대로 준수하려 하는 것은 위험한 반면 그것들을 갖춘 척 보이는 것은 유용하다고까지 말할 수 있습니다. 다시 말해 자비롭고 신의가 있으며 인간적이고 믿음이 있고 강직한 것처럼 보일 필요가 있으며, 또 실제 그러는 것이 좋습니다.

그런데 그러지 말아야 할 상황에 처하게 되면, 정반대로 행동을 바꿀 줄도 알아야 합니다. 그리고 군주는, 특히 새롭게 군주가 된 자는 이러한 자질들이 존중되어야 할 만한 것이라고 해서 그대로 따를 수만은 없다는 사실을 잊지 말아야 합니다. 왜냐하면 자신의 권력을 유지하기 위해, 신의와 우정을 깨고 비인간적이며 반종교적으로 행동할 것을 강요받기 때문입니다. 따라서 바람이 불고 운명에 변화가 올 때, 그에 맞춰 자신의 입장을 바꿀 자세가 되어 있어야 합니다. 그리고 앞서 말한 것처럼 올바른 행동에서 가급적 벗어나진 말아야겠지만, 그럴 수 없는 경우라면 악행도 취할 줄 알아야 합니다.

군주에 대해 평가를 내릴 때, 사람들은 직접 만져보기보다 눈으로 보고 판단합니다. 왜냐하면 누구나 군주를 볼 수는 있지만, 모두가 만져볼 수 있는 건 아니기 때문입니다. 모두가 군주의 겉모습은 볼 수 있지만, 그가 진정 어떠한 사람인지 볼 수 있는 사람은 적습니다. 그러한 소수는 군주의 위엄 아래 보호받는 다수의 견해에 감히 반대하지 못합니다. 또한 모든 인간의 행동에 관해, 특히 군주의 행동에 관해 문제제기를 하는 것은 경솔한 행동으로 여겨지기 때문에 사람들은 그저 결과만으로 평가하게 되는 것입니다.

따라서 군주가 전쟁에서 이기고 자신의 권력을 유지할 때, 그 수단은 언제나 정직한 것으로 여겨지며 군주는 모두에게 칭송받게 됩니다. 보통 사람들은 그저 보이는 것과 거기서 도출된 결론에만 흥미를 갖는데, 세상은 대부분 이런 보통 사람들로 가득 차 있기 때문입니다.

”

인간 본성에 대한 오랜 주제인 성선설, 성악설을 《군주론》에 대입시켜 보면 '선하지도 않고 악하지도 않다'라고 표현할 수 있다. 고대의 군주들이 반인반수半人半獸의 괴물 케이론에게 훈육 받았다는 설화를 인용하며, 인간이란 소위 도덕군자와 짐승의 속성을 모두 가지고 있기에 이를 모두 이해해야 통치할 수 있다고 주장한다.

인간의 본성에 대해서 논하는 것과 인간을 통치하는 것은 다른 문제다. 즉 논의차원에서 성선설, 성악설을 믿는 것은 개인적 자유이고 추상적 사유의 영역이지만, 이러한 관점에 기반해 인간을 통치하는 것은 실질적 과제다. 공자, 맹자처럼 성선설에 기반하여 왕도정치와 덕치를 주장하고 이에 걸맞은 제도를 만들어 훌륭히 통치할 수 있다면 바람직한 일일 것이다. 또한 순자, 한비자의 성악설에 기반한 제도를 실시하여 행복한 공동체를 만들 수 있다면 이 또한 바람직한 일일 것이다. 현실의 리더에게 중요한 것은 '어떤 것이 실제로 가능한가' 하는 점이다.

숭고한 도덕군자의 지향점이 개인적 차원의 수양이거나 추상적 관념에서는 가능할지언정 현실로 구현하기에는 한계가 있다. 엄격한 도덕군자, 순수한 종교인, 열정적 이념가들이 정작 만들어 낸 것은 '도덕, 종교와 이념의 명분으로 인간성을 억압하는 폭력적 신정국가의 출현'이라는 역설적 상황이다. 이는 단순한 추상적 논리구조로 인간을 정의하고 세상사를 규정하기에 현실은 너무 복합적이라는 점을 나타낸다. "지옥으로 가는 길은 선의로 포장돼 있다(The road to the hell is paved with good intention)"는 영어 속담처럼, 인간 역사에서 천국을 약속한 자들이 지상에 구현한 것은 항상 지옥이었다.

인간은 그 자체로 선하지도 않고 악하지도 않다. 주어진 환경과 제도가 공정하고 합리적이어서 개인적 삶의 조건이 충족될 수 있으면 선할 수 있는 것이고, 그렇지 않고 남을 속이고 해쳐야 살아남을 수 있으면 악하게 되는 것이다.

반세기 전 아프리카의 모범국이었던 소말리아가 체제 붕괴로 혼란에 빠지고, 정상적 직업을 통한 일상생활이 불가능해진 평범한 일반인들이 해적이 된 것은 개인적 선악의 문제가 아닌 것이다. 이런 점에서 군주 즉 리더가 인간의 선악에 대해 논하는 것은 무의미하다. 이런 문제는 준비과정에서 개인적 관점을 정리하면 되는 것이고 군주가 된 후엔 신민들이 선한 행동을 하고 충분히 살아갈 수 있게끔 법과 제도를 만들고 유지하면 된다.

인간이 가진 짐승의 속성을 이용하기 위해 사자와 여우를 모방하라는 부분은 용기와 지혜를 갖추라는 의미로 해석된다. 결정적 시기에 물러서지 않는 투지와 용기, 상황을 정교하게 관리하고 장악할 수 있는 전술과 지혜는 군주가 갖추어야 할 기본적 덕목이다.

"군주는 모든 성품들을 실제로 갖출 필요는 없지만, 그것을 갖춘 듯 보이는 것은 꼭 필요합니다"라는 대목도 강렬한 현실론이다. 인간이라면 누구나 덕망 높고 학식이 있으며 도덕적이고 용기 있는 완전한 지도자상을 기대한다. 인간 한계를 뛰어넘는 신의 경지에 이르러야 한다고 주장하는 도덕정치의 당위론은 숭고하지만 비현실적이다. 역사적으로 존재했던 수많은 영웅호걸들도 실제 도달하지 못했던 이상향을 주장하는 것은 백면서생들의 공리공론에 불과하다.

이런 점에서 "그것을 갖춘 듯 보이는 것은 중요하다"는 대목은 요즘 표현으로 '브랜드 구축'을 의미하는 현실적 대안이다. 마키아벨리의 지적처럼 군주는 인간의 모든 면을 속속들이 알 수 없다. 심지어 수십 년을 함께 한 부부조차도 항상 서로를 충분히 이해하지 못해 갈등하고, 결정적 순간에 오해하곤 한다. 이것이 삶의 현실인 것이다. 이런 점에서 군주가 도덕론에 매몰되어 자신을 불가능한 수준의 성인군자로 단련하는 허상에 빠지지 않고, 좋은 이미지를 구축하여 신민과 소통하라는 권고는 현실적이다. 물론 언제 어디서나 자신의 심신을 단련하는 것은 기본일 것이다.

마지막으로 군주의 기본임무는 공동체를 유지하는 것이라는 점을 분명히 한다. 보통 사람들은 군주의 의사결정과 행동들을 상세히 알 수도 없을뿐더러 설사 안다고 해도 복잡한 인과관계를 이해할 능력도 관심도 없다. 따라서 군주는 공동체를 건실하게 유지했느냐의 성과로 평가받으면 충분하다는 의미다.

## 제19장 선행이 원한을 부르기도 한다

: 경멸과 미움을 피하는 법

"

군주가 적대감을 사거나 미움 받을 만한 일을 피하고 자신의 임무를 다하면, 다른 어떤 비난 가운데서도 위험을 느낄 필요가 없습니다. 군주가 가장 미움을 사게 되는 것은 앞서 언급했듯, 탐욕스러운 마음으로 신민들의 재산과 여자를 강탈하는 것입니다. 이런 일은 반드시 없어야만 합니다. 대다수 사람들은 자신들의 재산과 명예가 침범당하지만 않으면 만족스럽게 살아갑니다. 따라서 군주는 야심을 품은 몇몇 사람만 잘 다루면 되는데, 이들은 다양한 방법으로 쉽게 제압할 수 있습니다.

군주가 경멸을 받는 것은 변덕스럽고 경솔하고 나약하고 비열하며 결단력이 없다고 생각될 때입니다. 따라서 군주는 이러한 자질들을 피하고 행동 중에 탁월함과 용기, 신중함, 강건함을 보여주려 노력해야 합니다. 또한 신민들과의 사사로운 관계에서 한번 내린 결정을 번복하지 않도록 해야 합니다. 이러한 평판을 얻게 되면 누구도 군주를 속이거나 농락할 수 없기 때문입니다.

군주가 두려워해야 할 것이 두 가지 있는데, 첫째는 내부에 있는 것으로 신민에 관한 것이고, 둘째는 외부에 있는 것으로 외세에 관한 것입니다. 후자의 경우, 잘 무장된 군대와 믿을 만한 동맹을 통해 방어가 가능합니다. 군주가 좋은 군대를 가지고 있으면 믿을 만한 동맹을 맺을 수 있게 됩니다. 또한 대외적 관계가 안정돼 있을 때, 음모를 통한 내부 교란이 발생하지만 않는다면, 내부적으로도 안정을 유지할 수 있습니다.

군주가 음모를 방지할 수 있는 가장 효과적인 방책은 사람들로부터 미움을 사지 않고 경멸을 받지 않는 것입니다. 군주를 두고 음모를 꾸미는 사람은 군주를 제거하면 사람들이 만족할 거라고 생각하기 때문입니다. 하지만 자신의 행동이 사람들의 분노를 사게 될 것이라는 생각이 들면, 음모자는 감히 그것을 감행하지 못할 것입니다. 그 경우 부닥쳐야 할 어려움이 많기 때문입니다. 전례에 비추어볼 때, 많은 음모가 계획되어 왔지만 성공한 사례는 그리 많지 않습니다.

음모자는 두려움과 시기심, 끔찍한 처벌에 대한 가능성만을 갖는 데 반해 군주는 위엄과 법, 국가와 동맹국들로부터의 보호를 받습니다. 이러한 이점에 군주가 대중의 호의까지 얻게 된다면 경솔하게 음모를 꾸미는 것이 불가능합니다.

군주는 비난받을 만한 일은 다른 사람에게 맡기고 자신의 품격을 유지할 수 있는 일을 담당해야 합니다. 그리고 군주는 귀족들을 소중히 해야 하지만 그렇다고 일반인들의 미움을 받아서도 안 됩니다.

사람의 원한은 악행뿐 아니라 선행에 의해서도 생길

수 있다는 사실을 잊지 말아야 합니다. 자신의 권력을 유지하고자 하는 군주는 종종 악행을 강요받기도 합니다. 군주가 자신의 지위를 보존하기 위해 도움을 받아야 한다고 생각한 집단(일반 시민 또는 귀족 또는 군인)이 부패돼 있다면, 그는 그들을 만족시키기 위해 그들의 비위를 맞춰줘야 합니다. 그런 상황에서 선행은 오히려 해가 될 뿐입니다.

"

군주가 이해하고 관리해야 할 내외부의 역학관계를 기술하고 있다. 내부적으로는 귀족, 백성이고 외부적으로는 동맹과 적국이다.

외부 문제 해결은 군대와 동맹이 출발점이다. 강력한 군대를 가지면 우호적 관계의 다른 나라와 동맹을 맺어 적국의 침략에 대비할 수 있기 때문이다. 그리고 대외관계의 안정은 내부적 안정으로 연결된다.

내부 문제 해결의 출발점은 탁월함과 용기, 신중함, 강건함을 지닌 군주로 비춰지면서 올바른 행동과 효과적인 통치로 신민들의 지지를 얻는 것이다. 그리고 신민들과의 사사로운 관계에서 한번 내린 결정을 번복하지 않는 일관성을 유지해 높은 평판을 얻는 것이다. 또한 불가피하게 시행해야 하는 인기 없는 정책은 소위 악역(Bad Guy)를 내세워 비난의 예봉을 피해야 한다. 이런 상황에서 군주는 소수 음모가를 통제하고 제압할 수 있지만, 그렇지 못해 신민이 적대적이고 군주를 미워한다면 매사 모든 사람들을 두려워해야 하는 상황에 빠진다.

이어서 군주는 귀족과 일반인들에게도 미움과 경멸의 대상이 되지 말아야 한다. 하지만 이는 양자 간의 이해관계 상충으로 쉽지 않은 문제다. 귀족은 소유한 영지 내의 일반인들을 관습과 법률로 통치하면서 많은 세금을 걷으려 하고, 일반인들은 이러한 통치와 세금에 불만을 가지기 때문이다.

비유하자면 군주는 선장이고 귀족들은 선원이며 일반인들은 바다다. 군주는 일반인의 바다 위를 귀족이라는 선원들을 통솔하여 운항하는 선장의 입장인 것이다. 당장 배를 움직이는 선원들도 중요하고, 험하기도 평온하기도 한 바다 역시 마찬가지로 중요하다. 이런 상황에서 군주는 일단 귀족들의 기본적 이해를 보장하되, 귀족들이 일반인들을 과도하게 침탈하는 것은 막아야 한다는 입장이다.

마키아벨리는 이러한 사례로 당시 프랑스 법원을 들고 있다. 국왕이 신민들 간의 분쟁에 직접 개입하면 어떤 결과 이든 왕에 대한 반감이 생겨난다. 이런 배경에서 1254년 창설된 프랑스 법원은 귀족과 일반인들 (주로 상인들) 간의 분쟁을 법원에서 법과 기준에 따라 해결하게 했다. 이는 왕권을 강화하고 일반인들의 권리가 보호받는 바람직한 결과를 가져왔다.

"사람의 원한은 악행뿐 아니라 선행에 의해서도 생길 수 있다는 사실"은 권력기반이 되는 집단들의 입장을 대변하는 것이 예기치 않게 원한을 사고 공동체를 파괴한다는 것을 말한다. 《군주론》에서는 로마제국 후기 군인황제들의 시대를 사례로 들고 있다.

로마제국 최전성기로 후일 팍스 로마나Pax Romana, 로마에 의한 평화로 불리는 오현제 시대(五賢帝, 96~180)의 마지막 황제 마르쿠스 아우렐리우스(재위 161~180)가 세상을 떠나고 아들 콤모두스(재위 180~192)가 뒤를 잇는다. 하지만 자질부족과 폭정으로 살해되면서 정치적 불안정이 계속되며 쇠퇴기에 접어들게 된다. 혼란이 극에 달했던 군인황제 시대(235~284)에는 50년 동안 18명의 황제가 있었고, 재위 기간은 평균 3년에도 못 미쳤다. 공동통치자까지 포함하면 모두 26명이 재위에 올랐는데, 이는 재위기간 동안 계속 내전에 시달렸음을 의미한다. 황제 18명 중 2명만이 침상 위에서 숨을 거두고 나머지 16명은 살해되었을 정도였다. 트라키아 지방의 양치는 목동 출신으로 군대 지휘관이 된 막시미누스가 황제(재위 308~313)로 선출되기도 했다. 이 시기 황제들은 모두 불가피하게 군대의 입장을 대변하고 여러 가지 혜택을 베풀었다. 하지만 모두를 만족시킬 수는 없었기에 역시 군대의 반란으로 암살되거나 폐위 당한다. 황제를 선출한 군대가 자신들 입맛에 안 맞으면 군주를 제거해 버리는 것이다.

지지기반의 이해관계에 볼모가 되어 리더가 파멸하는 것은 오늘날에도 반복되는 현상이다. 정치적으로 선거를 지원한 집단은 자연히 이에 상응하는 혜택을 요구하고, 선출자는 나름대로 최선을 다해보려 하지만 이를 완벽히 만족시키기는 어렵다. 때문에 불만족스러운 지지자들과 긴장관계가 형성되고, 무리해서 큰 혜택을 부여해도 요구는 더 커지는 상황이 된다. 자칫하면 리더는 공동체 전체의 리더가 아니라 특정 이익집단의 아바타, 볼모가 되는 우를 범한다.

## 제20장 하드웨어와 소프트웨어 모두 필요하다

: 요새 구축 등 군주들이 일상적으로 하는 많은 일은 유용한가?

"

새로운 군주가 신민의 무장을 해제시키는 일은 결코 없습니다. 오히려 그들이 무장되지 않았다는 사실을 깨달았을 때 군주는 그들을 무장시켰습니다. 신민들의 무기는 곧 군주의 무기가 되기 때문입니다. 또한 군주에게 불신을 보이던 자들은 충신이 되고, 충성스러웠던 자들은 계속해서 신의를 지키며, 신민들은 군주의 지지자가 됩니다. 반면 모든 신민들을 무장시킬 수 없다면, 무장한 자들에게 편익을 주어 그렇지 못한 자들까지 손쉽게 다룰 수 있도록 해야 합니다.

하지만 군주가 다른 국가를 정복해 병합할 때, 정복에 도움을 준 지지자들을 제외하고 병합된 나라의 사람들은 모두 무장 해제시켜야 합니다. 그리고 때와 기회를 봐서, 정복에 도움을 준 자들 역시 무력無力화시켜야 하며, 전체 국가에서 무장한 사람들은 기존 자국 출신의 병사들로 제한되어야 할 것입니다.

군주가 그들 앞에 놓인 장애와 시련을 극복할 때 위대해진다는 사실은 의심의 여지가 없습니다. 특히 신생 군주는 세습 군주에 비해 명성을 얻는 것이 더욱 필요한데, 운명은 이런 신생 군주의 권위를 높여주기 위해 적들이 들고일어나 그에게 저항하도록 만듭니다. 이때 신생 군주가 이들과 싸워 이기면 마치 적들이 성공의 사다리를 들어 올린 것처럼, 그는 더 높은 곳으로 올라가게 됩니다.

군주, 특히 신생 군주의 경우 통치 초기에는 믿을 수 없었던 사람들이 애초부터 신뢰했던 사람들보다 더 충실하고 도움이 된다는 사실을 발견하게 됩니다. 시에나의 군주인 판돌포 페트루치는 다른 누구보다도 믿지 못했던 사람들의 도움으로 나라를 잘 다스릴 수 있었습니다. 하지만 인간과 관련된 상황은 너무도 변화무쌍하기 때문에 이를 일반화하기는 어렵습니다. 다만 대체로 정권 초기에 적대적이었던 사람들도 자신의 권력을 유지하기 위해 도움이 필요한 상황이 되면, 아주 쉽게 군주 편에 서서 충성을 다하게 됩니다. 왜냐하면 그들은 자신들이 남겼던 나쁜 인상을 지우기 위해 이런 행동이 반드시 필요하다는 사실을 잘 알고 있기 때문입니다.

신생 군주라면 반드시 새겨들어야 할 사항이 하나 있습니다. 시민들의 호의를 받고 그 국가를 정복하게 된 군주는 그들이 정복자인 그에게 왜 그런 태도를 보였는지 잘 생각해야 합니다. 이것이 새 군주를 향한 자연스러운 호의 때문이 아닌, 이전 군주에 대한 불만 때문이라면, 새로운 군주는 시민들과 호의적인 관계를 유지하기가 매우 어렵고 힘들 것입니다.

군주가 자신의 국가를 더 안전하게 지키기 위해 요

새를 구축하는 것은 흔한 일이었습니다. 요새는 군주에게 반기를 들려는 자들에게 굴레 또는 재갈과 같은 역할을 하고, 최초의 공격이 있을 때 대피소 역할을 하기 때문입니다.

군주가 외부 세력보다 자신의 시민들을 더 두려워한다면 그는 요새를 구축해야 합니다. 하지만 시민들보다 외세를 더 두려워한다면 요새를 구축하지 말아야 합니다.

군주에게 최고의 요새는 시민들에게 미움을 받지 않는 것입니다. 군주가 요새를 구축한다고 해도 시민들이 그를 미워하면 요새는 군주를 구할 수 없습니다. 무장한 시민들이 군주에게 반기를 들면 그들을 도우려는 외부 세력이 반드시 생겨나기 때문입니다.

이 모든 것을 고려할 때, 요새의 구축 여부와 상관없이 모든 군주는 높이 평가받을 수 있습니다. 하지만 요새만 믿고 시민들로부터 미움 받는 것에 아랑곳하지 않는 군주는 비난받아 마땅합니다. ”

르네상스 후기의 군대는 오늘날의 국민군과 개념 및 운영이 달랐다. 용병과 시민군이 혼재되어 있었고, 시민군이라도 무기는 각자의 비용으로 구비하였다.

서방에서 시민군의 원조는 그리스와 로마다. 평상시에 생업에 종사하던 시민들이 전시에는 각자 준비한 무기를 들고 군대를 편성하여 전쟁을 치른 후 다시 생업으로 돌아가는 제도다. 당시 로마의 군대는 징병제이기는 했으나 군복·무기·말 등 일체의 장비를 국가가 지급하는 것이 아니라 개인 부담으로 준비하는 것이었다.

이러한 비용을 부담하기 위해서 재산에 따라서 병과를 지정했다. 평민 중에서 말을 소유할 정도로 부유한 사람은 기사계급, 일정한 재력을 가진 사람은 중무장 보병, 다음 단계는 경무장 보병으로 편성하고, 무기를 구비할 재산이 없는 사람들은무산자, 프롤레타리, Proletari는 징집에서 제외했다.

병역은 자신의 비용으로 출전해 목숨을 잃을 수도 있다

는 의미에서 가장 중요한 직접세의 개념이었다. 따라서 병역을 치러야 의무를 다하는 시민으로 인정받았고, 병역을 치른 사람만이 시민의 권리인 투표권을 가질 수 있었다. 로마에서 병역의무는 시민으로서의 자부심과 사회적 지위의 상징이었다.

로마 확장기 국력의 중심축이었던 시민병 제도는 공화정 말기 집정관 마리우스의 군제 개혁(BC 107)으로 징병제에서 모병제로 전환되면서, 병역이 시민의 의무에서 직업으로 바뀌었다.

476년 로마가 종언을 고하고 중세봉건 체제로 접어들면서, 군대는 귀족계급의 직업이 되었다. 왕은 각급 영주와 기사에게 봉토를 내리고 유사시 무력을 제공하는 의무를 지웠다. 로마시대의 일반인은 법적 권리를 행사하는 자유민이었으나, 중세시대의 일반인은 농노가 되어 영주들의 소유물로 전락했기에 사회의 활력이 떨어질 수밖에 없었다.

이 체제는 종교세력이 가장 강성하던 11세기 말엽에 시작되어 이후 200년 동안 8차에 걸쳐 지속된 십자군 전쟁(1096~1272)으로 전기를 맞는다. 십자군 병사를 태우고 팔레스타인으로 떠난 배가 동방의 후추, 비단, 보석 등을 신고 돌아오면서 동방무역이 활성화되고 476년 로마제국 멸망 이래 단절되었던 실크로드가 부활하게 되었다. 서유럽의 경제권이 확대되고 상인계층이 급성장하면서 이탈리아 도시국가들의 전성기가 시작되었다. 부유해진 도시국가들 간에 점차 이해관계를 둘러싼 갈등과 정치적 주도권 다툼이 벌어졌고, 강력한 교황권으로 해결하는 것도 한계에 부딪혔다.

용병은 14세기 말엽에 처음 등장했다. 당시 가난한 후진국인 독일, 스위스, 보헤미아 지방의 농민과 빈곤층이 주축이었다. 점차 이탈리아 내부에서도 용병이 출현하고 15세기 중엽에 가서는 탁월한 역량으로 제후의 지위에 오르는 경우까지 생겨난다. 뛰어난 용병대장을 배출한 스포르차 가문의 프란체스코 스포르차(1401~1466)는 1448년 밀라노 공작으로 올라섰다. 또 역대 무장을 배출했던 우르비노 백작가문의 서자 페데리코 몬테펠트로(1422~1482)는 상승장군常勝將軍의 명성을 얻고 1474년 교황 식스투스 4세로부터 우르비노 공작으로 칭해진다. 만년에 그리스 로마 고전에 심취하여 라틴어 번역사업을 벌이고 문화예술을 후원하여 후대인들에게 '이탈리아의 빛'이라고 불렸을 만큼 문무를 겸비한 군주였다.

15세기 말, 과거와는 달리 정치적 영향력까지 확보한 용병대장들에게 군사력이 없는 마키아벨리의 조국 피렌체는 만만한 물주에 불과한 신세였다. 이런 상황에서 마키아벨리는 "용병에 의존하는 시대는 지났으며 시민들을 무장시켜야 한다"고 주장하고 있다. 중세시대에 농노들을 무장시키는 것은 영주에게 위협이 되었지만, 정치적으로 통합되고 안정된 공화국 체제에서 무장된 신민은 곧 군주의 힘이고 국력이라는 관점 전환을 역설하는 대목이다. 다만 신뢰할 수 없는 상대에게 무기를 주는 것만큼 위험한 일은 없다는 점에서 병합한 다른 나라의 신민들은 다르게 접근하라고 한다.

하지만 무기와 요새 등 군사적 하드웨어가 전부는 아니다. 신민들의 지지라는 소프트웨어가 전제되어야 한다. 아무리 병력이 많고 무기가 좋아도 신민들이 분열되어 있으면 외부의 약한 충격에도 패망하며, 부유하고 단합되어 있어도 자위능력이 없어 소멸한 사례는 역사에 수없이 많다.

## 제21장 어중간한 중립은 파멸을 부른다

: 군주는 명성을 얻기 위해 어떻게 행동해야 하는가

"

그 어떤 것도 대규모의 사업을 일으키거나 훌륭한 모범을 보여주는 것만큼 군주에게 명성을 가져다주지는 못합니다. 근래에는 에스파니아의 국왕, 아라곤의 페르난도가 좋은 예가 될 수 있습니다. 그는 거의 신생 군주라 할 수 있습니다. 약소국의 군주로 시작해 명성을 떨치며 기독교 세계의 가장 권위 있는 왕으로 등극했기 때문입니다. 그의 업적을 검토하면 대부분이 대단했으며 그 중 일부는 놀랄 만한 것이었음을 알 수 있습니다. 그는 집권 초기에 그라나다를 공격했고, 이러한 전쟁을 통해 자신의 통치 기반을 마련했습니다.

군주는 자신이 (다른 군주의) 진정한 동맹이 되거나

분명한 적이 될 때, 즉 거리낌 없이 어떤 한 군주를 반대하고 다른 한 군주를 지지한다는 것을 밝힐 때 또한 존경을 받습니다. 이러한 행동은 중립을 지키는 것보다 언제나 더 유익합니다. 만약 강력한 이웃 두 나라가 전쟁을 벌이면 그 중 하나는 승리하기 마련인데, 이때의 승자는 군주에게 두려운 존재거나 아니면 두렵지 않은 존재일 것입니다. 하지만 둘 중 어떤 경우가 되든지, 군주는 자신의 입장을 명백히 하고 맹렬하게 전쟁에 개입하는 것이 더 유리합니다.

승자는 시련이 닥쳤을 때 자신에게 도움이 될 수 없는 의심스러운 자와 동맹을 맺고 싶어 하지 않고, 패자는 운명을 걸고 군사적 지원을 감행하지 않은 자를 품으려 하지 않기 때문입니다.

동맹국은 군주에게 무장 개입을 요구하는 반면, 비동맹국은 중립을 요청할 수 있습니다. 이때 우유부단한 군주는 현재의 위험을 피하기 위해 주로 중립을 선택하지만, 이는 대부분 파멸의 원인으로 연결됩니다. 하지만 용감하게 한쪽에 대한 지지를 표명하고 동맹을 맺은 쪽이 승리하게 되면 이 승자는 보다 강력해집니다. 지지를 표명했던 군주는 그 승자에게 휘둘릴 수도 있지만, 그는 이미 군주에게 신세를 졌기 때문에 둘 사이에 우호 관계가 성립됩니다. 또한 승자는 그러한 상황에서 동맹국을 공격할 만큼 배은망덕하거나 파렴치하지 않습니다. 군주가 도운 동맹국이 패배한 경우에도 도움을 받은 그 국가는 군주를 옹호하고 도움을 주고자 할 것입니다. 그리고 어쩌면 행운이 당신에게 다시 찾아올 수 있을 것입니다.

군주는 어쩔 수 없는 상황이 아니라면 다른 나라를 침략할 목적으로 자기보다 더 힘센 나라와 동맹을 맺어서는 안 된다는 점을 유념해야 합니다. 힘센 나라가 승리할 경우 군주는 그 재량에 맡겨지기 때문에, 가능한 한 어떤 세력에도 휘둘리지 않도록 해야 합니다.

어떤 국가도 완벽하게 안전한 방책을 선택할 수 있다고 생각해서는 안 됩니다. 아니 안전한 방책을 의심스럽게 보아야 합니다. 일반적으로 하나의 문제를 피하면 또 하나의 문제에 직면하기 때문입니다. 하지만 신중한 사람이라면 각 문제의 성격을 구별하고 덜 나쁜 것을 선택할 줄 알아야 합니다.

또한 군주는 자신이 재능 있는 자들의 후원자로서, 탁월한 기술이 있다면 어느 분야든 예우해준다는 점을 널리 알려야 합니다. 그리고 이와 동시에 시민들이 상업이나 농업, 혹은 그 어느 분야에서든 마음 놓고 자신의 일을 할 수 있도록 격려해야 합니다. 또 빼앗길까봐 두려워 자신의 재산을 증식시키지 못하거나 세금이 두려워 무역을 시작하는 데 주저하지 않도록 해야 합니다.

군주는 1년 중 적절한 시기에 축제나 볼거리들을 제공해 시민들이 즐길 수 있도록 해야 합니다. 또한 모든 도시가 동업자 조합이나 사회단체들로 나눠져 있기 때문에, 이러한 집단들에게 관심을 갖고 때때로 그들과

> 직접 마주하여 정중하고 인색하지 않은 모습을 보여줘야 합니다. 하지만 군주로서의 위엄은 잃지 않도록 언제나 주의해야 합니다. ”

정치인이나 연예인은 대중의 인기로 먹고 산다. 특히 20세기 이후 미디어가 발달하면서 정치와 연예는 더욱 수렴되어가고 있다. 하지만 연예인은 인기만 얻으면 충분한 데 비해 정치적 리더는 인정을 받아야 한다는 점이 다르다. 리더가 정치의 연예산업적 속성을 이해하고 활용하는 것은 능력이지만, 연예인 자체가 되어 인기를 의식하고 대중들의 취향에 끌려 다닌다면 싸구려 연예인으로 전락할 뿐이며 공동체는 표류하기 마련이다.

리더가 인정받으려면 분명한 성과가 뒷받침되어야 하는데 군주에게는 전쟁 승리, 외교적 성과, 새로운 영역 개척 등이 해당되며, 마키아벨리는 이를 '명성을 얻는다'고 표현했다.

사례로 든 아라곤 왕 페르난도 2세(1452~1516)는《군주론》집필 당시인 16세기 전반에 서유럽에서 가장 명성을 떨친 군주였다. 이베리아 반도의 북동부에 위치한 소왕국 아라곤의 왕자로 태어나 1469년 인접 카스티야 왕국의 여왕 이사벨과 결혼한다. 1474년 왕위에 오르고 아라곤과 카스티야가 사실상 합병되면서 에스파니아 통일왕국의 기초를 만들었다. 이후 이베리아 반도의 남부에 남아 있던 이슬람 세력을 축출하여 통합된 가톨릭 왕국을 설립한다는 '리콩기스타재정복, Reconquest'의 기치를 내걸고 전쟁을 벌여, 1492년 마지막 이슬람 세력의 근거지인 그라나다를 정복하면서 통일을 이루었다. 그는 20여 년에 걸친 전쟁기간 중 이슬람 축출을 명분으로 교황청의 전폭적 지원을 받으면서 군사력을 강화하여 이베리아 반도 내 다른 세력들을 견제하는 노련한 정책을 구사했다. 주변부 소왕국의 왕자로 시작해 이슬람 세력을 완전히 축출하고 경쟁자들을 제압하면서 통일왕국을 설립, 서유럽 주요 세력으로 부상한 페르난도 2세는 당대를 대표하는 인물이었다.

강력한 주변세력 간의 분쟁에서 마키아벨리는 중립보다는 동맹을 선택하라고 권고한다. 어중간한 중립은 결국 양쪽 모두와 멀어지게 되므로 누가 이기든 패자의 원망을 얻고 승자에게 보복 당하게 된다. 또한 동맹의무를 충실히 이행하는 것이 설사 동맹국이 패전하는 경우에도 '신의를 지켰다'는 평판을 얻고 최소한의 입지를 보장받을 수 있다는 것이다.

이런 경우는 16세기 전반 기준으로 프랑스, 에스파니아, 오스트리아 정도의 강대국들간 분쟁에 연루되는 경우를 의미한다. 당시 이탈리아 도시국가들은 용병을 고용하고 외국군을 끌어들여 전쟁을 시작한 후 일정수준에서 외교전을 통해 대세를 굳히고 분쟁을 마무리하는 제한전을 주로 펼쳤다. 또한 당시 강대국들은 누구도 상대방에게 완승을 거둘 만큼 강력하지 않았고 또한 전면전을 벌일 의사도 없었던 것이다.

국가보전이나 방어를 위해서는 동맹을 중시해야 하는 반면, 강대국과 동맹을 맺어 타국을 침략하는 일은 절대 금해야 할 사항으로 분류한다. 타국 정복이 성공하더라도 강대국의 세력권에 편입되면서 당초 의도했던 이익이 보장되지 않을 것이기 때문이다.

주로 정치와 군사를 다루는 《군주론》에서 기술과 상공업을 다루는 대목이 이어진다. 예술가, 기술자를 우대하여 재능 있는 사람들이 모여들게 하고, 시민들이 자신들의 생업에 자유롭게 종사하면서 부를 창출하는 환경을 조성해야 한다는 것이다. 또 시민의 재산을 사실상 약탈하는 것과 다름 없는 과도한 세금을 부과하지 말아야 한다고 주장한다.

자유로운 분위기를 조성하여 재능 있는 사람이 모여들면 자연히 상공업이 발달하기 마련이다. 또 적절한 세금으로 경제적 인센티브 구조를 보장하면 경제가 성장하고 부강해질 수 있다. 이는 르네상스 시대나 지금이나 마찬가지다.

# 제22장 신하와의 이해관계를 일치시켜라

: 군주의 측근들

"

신하들을 선임하는 것은 군주에게 매우 중요한 일입니다. 군주의 안목에 따라 그들은 훌륭할 수도 있고 그렇지 않을 수도 있습니다. 군주의 지혜는 그 주위에 어떤 인물들이 있는가를 보면 알 수 있습니다. 그들이 능력 있고 충직하다면 군주는 항상 현명하다고 여겨질 것입니다. 이는 군주가 그들의 실력을 알아보고 그들이 충성심을 유지하도록 이끌어왔기 때문입니다. 하지만 그들이 그렇지 못할 때 군주는 좋은 평가를 받을 수 없습니다. 군주가 저지른 최초의 실수가 바로 그들을 인선한 것이기 때문입니다.

인간의 지적 능력에는 세 가지가 있습니다. 하나는

스스로 깨닫는 것이요, 다른 하나는 다른 사람들이 이해한 것을 알아차리는 것이며, 또 다른 하나는 스스로 깨닫지도 못하고 다른 사람이 아는 것도 이해하지 못하는 것입니다. 따라서 첫 번째는 가장 탁월하고, 두 번째는 훌륭하며, 세 번째는 무익한 것입니다.

군주가 신하를 평가하는 가장 확실한 방법은 다음과 같습니다. 신하가 자신의 일을 군주의 일보다 먼저 생각하고 모든 면에서 내심 자신의 이익만을 구할 때, 그는 결코 좋은 신하라 할 수 없으며 군주 역시 그를 신뢰할 수 없을 것입니다. 나라의 일을 맡은 사람은 언제나 자신보다 먼저 군주를 생각해야 하고, 군주와 관련되지 않은 일에는 결코 관심을 쏟지 말아야 합니다.

한편 군주는 신하가 충성심을 잃지 않도록, 그를 예우하고 부유하게 하며 친절을 베풀고 명예와 관직을 주는 등 잘 보살펴야 합니다. 또한 동시에 그가 군주 없이 홀로 설 수는 없다는 사실을 깨닫게 하고, 많은 명예와 부를 주어 더 많은 것을 원하지 않도록 해야 하며, 많은 권력을 주어 (그것을 잃을 수 있는) 변화를 두려워하게 만들어야 합니다. 그래서 신하와 군주가 이런 관계를 유지한다면 그들은 서로를 신뢰할 수 있지만, 반대로 그러지 못한다면 서로가 서로에게 처참한 결과만을 안겨 줄 것입니다.

사람을 알아보는 안목, 신뢰관계를 구축하는 덕성, 적재적소에 배치하고 활용하는 용인술은 인재를 대하는 리더의 기본역량이다. 유능한 군주도 혼자서 통치할 수는 없다. 조력자들이 필요하다. 외교, 군사, 행정 등 공동체 운영과 관련된 다양한 분야의 참모와 실행자로 구성된 신하들이 군주를 보좌하고, 군주는 합리적 범위의 위임을 통해 업무를 분산하고 모니터링한다.

공동체를 하나의 원으로 상정하면 군주는 공동체의 중심이고 다음으로 통치엘리트인 신하들과 일반백성의 순서로 이어진다. 이런 관점에서 군주의 통치력은 군주 개인과 신하들의 역량을 합친 전체 조직역량이고, 신하들을 인선하여 역할을 부여하는 것은 군주이기에 결국 조직역량의 출발점과 종착점은 군주로 수렴된다.

"친구를 보면 그 사람을 안다"는 속담처럼 주변인물을 보면 리더의 역량을 알 수 있다. 인간들이 가진 유유상종類類相從의 속성은 군주도 마찬가지다. 사람 보는 안목이 없는 용렬한 군주는 비슷한 부류의 신하들에게 둘러싸이기 마련이다. 반면 유능한 군주는 능력 있는 신하를 발탁하여 신뢰관계에 기반한 충성스러운 이들로 주변을 채운다.

인간 지적 능력의 3가지 구분은 단순하지만 설득력이 있다. 무익하다고 표현한 "다른 사람이 아는 것조차 이해하지 못하는 수준"의 군주는 일반적 생활인으로서도 미달이다. 편협한 지식과 경험에 근거하여 세상을 바라보는 고집불통의 우물 안 개구리일 뿐이다.

훌륭하다고 표현한 "다른 사람들이 이해한 것을 알아차리는 것"은 한자로 학學에 해당하는 개념인데 기존의 사고와 논리를 이해하는 지력은 있으나 스스로 깨닫고 새로운 지평을 열어가기에는 미흡한 온고溫故의 단계이다.

탁월하다고 표현한 "스스로 깨닫는 것"은 한자로 각覺에 해당한다. 기존지식을 이해하고 나아가 기존의 틀을 깨는 자신의 관점을 정립하여 새로운 지평을 열어나가는 온고지신溫故知新의 수준이다. 학(學) 글자 하단의 아들 자(子)는 기존지식의 충실한 아들임을 뜻하는 반면, 각(覺) 하단의 볼 견(見)은 스스로 깨달아 새로운 눈으로 사물을 바라본다는 의미를 내포하고 있다.

군주가 신하를 평가하는 부분은 오늘날 경제학의 '대리인 이론'과 일맥상통한다. 주인Principal이 대리인Agent에게 특정한 행위를 위임하면 대리인은 주인의 이익에 충실하게 행동해야 한다. 하지만 대리인이 주인보다 우월한 전문지식과 정보를 이용하여 업무를 위임한 주인의 이익보다 자신의 이익을 우선하는 도덕적 해이Moral Hazard가 발생하며, 이를 '대리인 문제Agency Problem'라고 표현한다. 이는 20세기 경제학에서 이론적으로 정립한 것일 뿐, 500년 전 유럽은 물론 동서양을 막론하고 정치권력이 생성된 이후 존재했던 공통 현상이라 할 수 있다.

마키아벨리는 신하가 사리사욕을 위해 국익을 도외시하는 도덕적 해이를 언급했는데, 당시만 해도 국가는 군주의 소유물이었고 국가의 주인은 곧 군주였기에 가능한 표현이다. 하지만 신분제가 철폐되고 주권자인 국민의 보통선거로 정치지도자를 선출하는 현재의 정치체제에서 대리인 문제의 개념은 한 단계 더 올라간다. 즉 국가의 주인인 국민이 투표라는 행위로 의사를 표현하여 대통령, 수상에게 국가운영을 맡겼는데 이들이 국익이 아니라 권력을 활용하여 사익을 추구하는 도덕적 해이가 생겨나는 것이다.

사회경제적으로 소유자와 운영자가 동일한 자영농, 소상공인들이 사회의 다수를 이루는 경우는 대리인 문제가 부각되지 않지만, 국가와 민간의 조직규모가 커지고 복잡해질수록 대리인 문제는 조직설계와 권한분산의 핵심적 문제가 된다. 군주, 경영자 단계가 아니더라도 고급간부, 중간간부로 이어지는 조직의 층위별로 대리인 문제는 광범위하게 발생할 수 있기 때문이다.

일정규모를 넘어서는 조직은 어디나 대리인 문제가 있게 마련이다. 이는 정도의 문제이지 유무의 문제가 아니다. 다만 대리인 문제가 조직의 근간을 위협하지 않도록 적절히 관리할 필요는 있다. 부패한 공산주의 국가나 후진국의 경우, 국가지도자부터 길거리의 경찰관까지 다양한 명목으로 뇌물이나 상납금 형태로 돈을 뜯는 도덕적 해이가 자주 보인다. 이는 결국 공동체의 붕괴로 이어지기 마련이다.

대리인 문제의 해결방향은 주인과 대리인 사이 이해관계를 일치시키는 것이다. 주인과 대리인 상호이익 구조에서는 대리인이 굳이 위험을 무릅쓰고 사익을 추구하기보다 주인의 이익을 추구하여 보상받는 방향을 택하게 되어 있다. 위험과 보상의 상관관계를 본능적으로 이해하는 인간의 속성상 도덕적 해이에 따른 이익과 위험도 나름대로 계산하여 행동하기 때문이다.

마키아벨리는 신하를 "예우하고 부유하게 하며 친절을 베풀고 명예와 관직을 주는" 등 실질적 혜택과 함께 "군주 없이 홀로 설 수는 없다는 사실을 깨닫게" 하여 군주와 신하가 운명공동체라는 사실을 분명히 인식시켜야 한다고 갈파했다. 1976년 젠센과 맥클링이 주인·대리인 문제를 주장하기 450년 전에도 마키아벨리는 핵심을 이해하고 있었던 것이다.

## 제23장 총명한 몇몇에게만 조언할 권한을 줘라

: 아첨꾼들을 피하는 법

"

(군주가 쉽게 피할 수 없는 문제는) 궁정을 꽉 채운 아첨꾼에 관한 것입니다. 인간은 자신의 일에 지나치게 만족스러워하고 쉽게 자기기만에 빠지기 때문에, 아첨이라는 질병에서 벗어나기 어렵습니다. 게다가 그들이 아첨이라는 질병으로부터 자신을 보호하려 한다면, 다른 사람들로부터 무시를 당할 위험성도 있습니다. 아첨꾼들로부터 자신을 지키는 법은, 진실을 말해도 군주가 불쾌해하지 않는다는 사실을 사람들로 하여금 깨닫게 하는 것입니다. 하지만 누구나 군주에게 진실을 말할 수 있게 되면 군주에 대한 존경심은 순식간에 약화될 것입니다.

따라서 현명한 군주는 제3의 길을 찾아야 합니다. 즉

군주는 자신의 나라에서 총명한 사람들을 뽑아 그들에게만 사실대로 솔직하게 말할 수 있는 권한을 주는데, 이것은 군주가 요청하는 사안에 한할 뿐 다른 문제에 대해서는 허용하지 말아야 합니다. 하지만 군주는 모든 사안에 관해 그들에게 질문하고 그들의 의견을 들은 뒤, 스스로 결정을 내려야 합니다. 이때 군주는 조언자들로 하여금 자신들이 더 자유롭게 이야기할수록 더 많은 호의를 얻는다는 사실을 깨닫도록 해야 합니다.

군주는 자신이 뽑은 그들 이외에 다른 누구의 말을 들어서도 안 되고, 굳게 결심한 일은 확실히 밀고 나가야 하며, 일단 결정을 내린 문제에는 변함이 없어야 합니다. 그렇게 하지 않으면 아첨꾼들에게 농락당하거나 상반된 의견들로 결정을 자주 바꾸게 되어, 결국 누구에게도 존경받지 못하는 군주가 될 것입니다.

항상 조언에 귀 기울여야 하는 군주는 다른 사람이 아닌 자신이 원할 때 그것을 들어야 합니다. 그래서 자신이 원하지 않는 조언은 물리치는 것이 좋습니다. 하지만 그가 조언을 요청하는 상황일 때는, 듣고자 하는 사안에 관해 참을성 있게 조언을 들어야 합니다. 하지만 무슨 이유에서든 조언자가 진실을 말하지 않는다면 군주는 노여움을 표해야 합니다.

어떤 사람들은 군주가 현명해 보이는 게 군주의 능력 때문이 아니라 그 주위에 있는 훌륭한 조언자 덕분이라고 생각합니다. 하지만 그것은 분명 잘못된 견해입니다. 현명하지 못한 군주가 제대로 된 조언을 받지 못한다는 점은 자명한 이치이기 때문입니다. 그런데 예외적으로 군주가 자신의 모든 일을 매우 신중한 조언자에게 전적으로 내맡겼을 때 국정이 잘 운영되기도 합니다. 하지만 그 조언자가 머지않아 국가 권력을 뺏을 수 있기 때문에 그것도 그리 오래 계속되지 못할 것입니다.

현명하지 못한 군주가 여러 사람으로부터 조언을 들을 때, 그는 이것을 하나로 잘 조합하지 못하고 어떻게 처리해야 할지도 모를 것입니다. 왜냐하면 조언자들은 대부분 자신의 이해관계를 먼저 생각할 것이기 때문입니다. 그는 이러한 현상을 이해하지도 못할 것이며, 그러한 것들을 제어할 수도 없을 것입니다.

따라서 훌륭한 조언이란 군주의 지혜로부터 나온 것인 반면, 군주의 지혜란 훌륭한 조언에 근거한 것이 아니라는 결론을 내릴 수 있습니다.

"

자연계에서 태양과 가까울수록 에너지가 커지듯이 인간계에서는 권력과의 거리가 가까울수록 힘이 커진다. 조직 내 힘은 곧 권력과의 거리이지만 '너무 가까우면 타 죽고, 너무 멀면 얼어 죽는 양면성'을 가진다. 또한 가까울수록 군주의 개인 성향에 민감하게 반응하면서 심기를 잘 살피고 굴신하는 아첨꾼들로 채워지기 쉽다. 군주도 사람인 이상 '듣기 좋은 이야기를 듣고 싶어 하고 믿으려 하는 속성'을 극복하기 어렵기 때문이다.

일반인이 주변의 찬사에 속아 판단을 그르치는 것은 개인의 문제이지만 군주는 자신은 물론 공동체의 파멸이라는 대가를 치러야 한다는 점이 다르다. 동서고금을 막론하고 수많은 고전에서 아첨 때문에 몰락한 리더의 사례와 이에 대한 경계가 흘러넘치는 이유는 그만큼 대처하기 어렵다는 반증이기도 하다.

《군주론》은 아첨에 대한 단순 경계수준을 넘어 실질적 대안을 제시하고 있다는 점에서 고상한 도덕교과서 부류와 확연히 구별된다. 그는 아첨 자체를 일종의 정신적 질병으로 정의했다. 치유를 위해 "진실을 말해도 군주가 불쾌해하지 않는다는 사실을 사람들로 하여금 깨닫게" 해야 하지만 동시에 "누구나 군주에게 진실을 말할 수 있게 되면, 군주에 대한 존경심은 순식간에 약화될 것"이라는 이중성을 이해하고 대처해야 한다는 독특한 접근을 선보인다.

즉 군주가 진실을 접하는 통로는 확보해야 하지만, 자칫 중구난방이 되면 진실을 파악하기도 어려울뿐더러 군주의 권위가 상실된다는 것이다. 이런 배경에서 군주는 "자신의 나라에서 총명한 사람들을 뽑아 그들에게만 사실대로 솔직하게 말할 수 있는 권한"을 주고 의견을 들어야 한다. 다만 군주가 요청하는 사안에 한하며, 스스로 결정하고 일관되게 추진해야 한다는 가이드라인을 제시한다.

복잡하게 얽힌 세상사의 진실은 시간이 한참 지난 후에 밝혀지는 경우가 많다. 특히 군주가 제한된 정보와 시간을 가지고 의사결정을 해야 하는 정치사회적 사안에서의 조언은 조심해야 한다. 진실에 근거하였다고 주장하면서 실제로는 조언자의 이해관계가 내포되어 있을 위험이 매우 크기 때문이다. 군주가 현명하다면 조언자의 인품과 역량에 대한 나름의 평가를 기반으로 조언의 신뢰성과 적절성을 평가하겠지만, 현명하지 못하다면 자신의 이해관계를 먼저 생각하는 조언자의 특질을 간파하지 못하고 기만당할 것이기 때문이다. 세상사는 복잡한데 무분별한 조언은 흘러넘친다. 여기서 군주가 중심을 못 잡으면 공동체는 표류할 수밖에 없다.

옥석을 가리는 눈이 있어야 옥을 고를 수 있고, 그릇이 있어야 물을 담을 수 있는 법이다. 군주가 아첨과 충직한 조언을 구분해 수용할 수 있는 그릇이 되어야 조언을 담을 수 있다.

## 제24장 하늘이 맑을 때 폭풍에 대비하라

: 이탈리아의 군주들은 어떻게 나라를 잃게 되었는가

"

신생 군주의 활동은 세습 군주의 활동보다 더욱 주목받게 됩니다. 그리고 신생 군주가 능력 있어 보이면, 더 많은 사람들의 마음을 얻고 세습 군주보다 더 끈끈하게 그들과 결속할 수 있게 됩니다. 사람들은 자고로 과거보다 현재에 더 많은 관심을 갖기 때문입니다. 그들이 현재 상태를 좋아하고 그것을 기꺼이 즐기며 변화를 원치 않을 때, 신생 군주가 다른 일에 실수만 하지 않는다면 그들은 그를 최대한 보호하려 할 것입니다. 그래서 새로운 군주국을 세우고 훌륭한 법과 군대, 강력한 동맹과 함께 훌륭한 모범을 보이며 나라를 정비하고 강화시킨다면 이중의 영광을 얻게 됩니다. 하지만 군주의 자리를 물려받았으나 지혜가 부족해 국가를 잃게 된 군주는 이중의 수치심을 갖게 될 것입니다.

그러므로 오랫동안 다스리던 자신의 국가를 잃은 군주들은 운명이 아닌 자신의 나태함을 탓해야 할 것입니다. 왜냐하면 평화 시에도 상황이 변할 수도 있다는 사실을 생각지 않았기 때문입니다(날씨가 좋을 때 폭풍을 대비하지 않는 것은 인간의 공통된 결점입니다). 그러다 훗날 역경이 닥쳐오면 그들은 자신을 방어할 생각은 커녕 도망갈 궁리만 합니다.

훗날 자신을 일으켜줄 사람이 있을 거라고 믿는 것은 위험합니다. 그런 일이 정말 생기든 그렇지 않든, 이러한 믿음은 군주의 안전에 도움이 되지 않습니다. 자기 능력 외의 것에 의존하는 것은 아무 소용이 없기 때문입니다. 결국 군주 그 자신과 그의 용기에 기초한 대책만이 믿을 수 있고 확실하며 오래도록 유용할 것입니다.

”

사람들은 새로운 대상에 호기심을 가진다. 마찬가지로 세습 군주보다 신생 군주에 관심을 더 가지게 마련이다. 선대의 업적과 혈통을 유산으로 물려받은 세습 군주의 정책은 일정 수준 예측 가능한 범위에 있고, 개인적 사항도 많이 알려져 있는 경우가 많다. 반면 신생 군주는 미지수이기에 그에 대한 호기심도 높아지기 마련이다. 신생 군주가 공동체를 안정적으로 통치할 역량이 있다고 판단되고 신민들의 일상적 삶을 침해하지 않는다면 당연히 지지하게 된다. 정치권력의 효율성이 확보되고 시간이 흐르면 정통성도 부여한다.

이어지는 대목에서 마키아벨리는 나라를 잃은 나폴리 왕과 밀라노 공작의 공통점을 지적한다. 일단 군사적으로 취약했고, 군주와 백성이 적대적 관계였거나, 군주와 귀족이 적대적이었다는 것이다. 요약하자면 취약한 안보에 내분이 겹치면 망국亡國에 이르는데, 안보와 통합은 결국 군주의 역량이기에 그들의 무능함을 탓해야 한다고 본다. 이들은 평화의 시대에 위기를 대비하는 유비무환有備無患이 부족했고, 그나마 실제 위기가 터졌을 때도 정면으로 돌파하려 않고 도피하려 했다는 점에서 공통점을 보인다.

결국 나라를 일으키고 유지하는 것은 온전히 군주 자신

의 역량이고, 군주의 임무는 공동체를 유지하는 것이라고 결론지을 수 있다. 공동체 유지를 위한 어떤 방책도 기본적으로는 자신의 역량에 기반해야 한다는 의미에서 '자주自主'와 '자립自立'을 강조하는 대목이다.

## 제25장 운명은 과감한 행동가에게 호의적이다

: 운명이 인간사에 어떤 영향을 미치며 인간은 운명에 어떻게 대처해야 하는가

"

많은 사람들은 운명이나 신이 세상일을 주관하기 때문에 자신들의 의지로 그것을 좌지우지할 수 없으며 미리 대책을 세워도 크게 도움이 되지 않는다고 생각해왔고 또 여전히 그렇게 생각하고 있습니다. 그래서 매사에 땀 흘려 일할 필요가 없고 오직 운명이 모든 일을 알아서 처리하도록 내버려두면 된다고 믿게 되었습니다.

그럼에도 인간의 자유의지를 무시할 수 없기 때문에, 운명은 우리의 행동 중 반 정도만을 주재할 뿐이며 나머지 반쯤은 우리가 우리 자신의 행동을 지배한다고 보는 것이 옳다고 생각합니다.

인생은 거센 강에 비유할 수 있습니다. 홍수가 나면

강은 평야를 뒤덮고 나무들과 집들을 휩쓸어버리며 이쪽에서 저쪽으로 흙을 운반합니다. 모든 것이 그 앞에서 흘러가버리고, 모든 사람이 격렬한 물줄기에 저항할 방법을 찾지 못해 결국에는 그것에 굴복하게 됩니다. 하지만 그렇다고 해서 날씨가 좋을 때, 제방과 둑을 쌓아 미리 대비를 하고, 다시 수위가 높아졌을 때 강물이 수로를 지나도록 하여 그 힘을 약화시키고 위험을 낮출 수 있는 것까지 부정하는 것은 아닙니다.

운명도 이와 마찬가지로 그것에 저항할 준비가 되어 있지 않은 곳에서 위력을 발휘하고, 그 힘을 저지하기 위해 쌓아둔 둑이나 제방이 없는 곳을 찾아내 위세를 떨칩니다.

어떤 군주가 성격이나 인격의 변화가 없었는데도 오늘은 흥했다가 내일은 망하는 경우가 있습니다. 이것은 이미 상세히 언급했던 이유 즉 군주가 전적으로 운명에 의존하다 보니 그 운명의 변화로 인해 모든 것을 잃게 된 데 기인한 것입니다. 군주가 시대 상황에 맞게 자신의 행동을 결정한다면 성공의 길에 들어서지만, 그러지 않으면 실패의 길을 가게 될 것입니다. 사람들은 다양한 방법을 통해 자신이 목표로 하는 것, 즉 부와 영광에 이르는 것을 볼 수 있습니다. 어떤 사람은 신중하고 어떤 사람은 서두릅니다. 또 어떤 사람은 힘으로 어떤 사람은 기술로 접근해 갑니다. 어떤 사람은 인내심 있게 또 어떤 사람은 그 반대로 행동합니다. 이처럼 각각 다른 방법들을 사용하지만 모두가 목표에 다다르는 데 성공합니다. 그런데 똑같이 신중한 두 사람 가운데 하나는 그 끝에 이르고, 다른 하나는 그러지 못한 경우가 있습니다.

이런 결과가 발생하는 것은 다름이 아니라 그들의 행동 방식이 시대 상황에 부합하느냐 그렇지 않느냐에 달린 것입니다.

어떤 군주가 신중하고 참을성 있게 처신하며 때와 상황이 국정 운영에 적합하게 흘러간다면 그는 성공할 운명입니다. 하지만 시대와 상황이 변하고 군주가 그에 맞춰 자신의 행동 방식을 바꾸지 않는다면 그는 파멸할 것입니다. 하지만 이러한 변화에 어떻게 적응해가야 할지 아는 현명한 사람을 찾기란 쉽지 않습니다. 왜냐하면 인간은 본성대로 행동하는 경향이 있고 그것을 거스르기가 쉽지 않기 때문입니다. 그뿐 아니라 언제나 일정한 방법을 통해 성공해왔기 때문에, 그것을 버리고 다른 방법을 취하는 것이 좋다고 생각하지 못하는 이유도 있습니다. 그러므로 조심스러움이 많은 군주가 모험을 해야 할 때 어떻게 행동해야 할지 몰라 파멸하는 경우가 있습니다. 하지만 때와 상황에 맞게 자신의 행동을 변화시키면 운명의 변화를 겪지 않게 될 것입니다.

결론적으로 운명은 가변적인 반면 인간은 자신의 방법들을 고집하기 때문에, 인간이 운명과 조화를 이룰 경우 성공에 이르지만 그러지 못할 경우에는 실패하게 됩니다. 따라서 신중하기보다 새롭게 모험을 시도해보는 쪽이 더 좋습니다. 왜냐하면 운명의 신은 여성이기에, 그 신을 자신의 통제 아래 두고 싶다면 그녀를 거칠게 다룰 필요가 있습니다. 이 여신은 냉정하게 일을 처리하는 사람보다 과감하게 행동하는 사람에게 호의적이기 때문입니다. 또한 운명의 여신은 젊은 남성들의 연인이기도 합니다. 그들이 덜 신중하고 더 격렬하며 과감하게 그녀를 다루기 때문입니다. ”

인간의 다사다난한 삶이란 개인의 역량과 노력에 비례하는 선형Linier이 아니다. 운명, 신의 섭리, 인과응보 등 다양하게 표현되는, 그리고 쉽게 설명되지 않는 요소가 포함된 비선형Non-Linier이다. 흔히 이야기하는 운칠기삼運七技三이든 반대로 운삼기칠運三技七이든 설명되지 않는 변수가 발생하여 예기치 않은 결과가 만들어지곤 한다. 《군주론》의 모델인 발렌티노 공작 체사레 보르자도 이탈리아 통일국가 건설이라는 대업의 성공적인 시작점에서 질병과 부친의 사망이라는 운명의 일격을 당하고 몰락해 버린다.

마키아벨리는 운명을 부정하지 않았지만 인간의 자유의지 또한 그에 못지않다고 보았다. 신이 인간을 지배하고 종교가 절대적 우위를 차지했던 중세의 여운은 16세기 초반 르네상스 시대에도 강력하게 남아 있었다. 지금은 상식이 되었지만 《군주론》이 집필된 1513년에는 상상하기 어려울 정도로 시대를 앞선 혁명적 관점이었다.

《군주론》 이후 100년이 지나서도 가톨릭교회는 교리와 배치되는 주장을 하는 학자를 종교재판으로 화형시켰을 정도로 신은 절대적이고 인간은 미미했다. 자연과학적 세계관의 일대전환을 가져온 코페르니쿠스(1473~1543)의 지동설은 1543년 《천체의 회전에 관하여》에서 최초로 주장되었고, 지동설을 믿었던 철학자 브루노는 1600년에 종교재판에서 화형당했으며, 갈릴레오 갈릴레이(1564~1642)가 지동설을 전파했다는 죄목으로 종교재판을 받아 자신의 주장이 오류라고 선언했던 시점은 1616년이었다.

이런 점에서 마키아벨리는 신이 인간을 지배했던 중세에서 벗어나 인간의 자유의지가 주도하는 근대로 이행하는 선구자였고 이는 운명을 대하는 본 장에 잘 나타나 있다. 인간의 운명을 인정하되 또한 인간의 자유의지에 대한 믿음을 가져야 하며, 이러한 자유의지는 시대변화를 읽어 미래를 내다보고 사전에 대비하는 데 쓰여야 한다는 입장이다. 또한 한 때 성공했던 군주가 운에만 의존하고 시대변화를 따라가지 못하면 쇠퇴하기 마련이라는 점에서 항상 변화를 읽고 따라가는 유연성을 길러야 한다고 강조한다. 운명의 신을 여신이라고 규정하며 젊은 남성처럼 거칠게 다루어야 한다는 부분은 변화와 운명에 대해 적극적인 태도를 가져야 한다는 의미로 해석된다.

마키아벨리는 군주가 성공하기 위한 조건을 역량Virtú, 시대정신Necessità, 운명Fortuna의 세 가지로 이해하였다. 역량은 사물을 파악하는 지력, 위기에 굴하지 않는 용기, 사람을 보는 안목, 개인적인 에너지를 유지하는 활력 등 다양한 요소를 포함한다. 시대정신은 동 시대에 필요한 변화를 이해하고 미래지향적인 방향을 설정해 추진하는 능력이다. 운명은 하늘이 내리는 운과 타인의 호의를 통칭한다.

즉 개인적 역량을 갖춘 군주가 시대정신을 정확히 읽고 운명의 도움을 받을 때 공동체의 미래를 열어갈 수 있다고 정리할 수 있다. 역량이 없는 자가 시대정신을 읽어내지는 못할 것이고, 운명의 도움을 받아도 한계가 있으니 당연히 역량은 기본조건이다.

그러나 역량을 갖추고 운명이 지원하지만 시대정신을 정확히 이해하지 못하면 잘해야 현상유지이고 자칫하면

퇴행적 통치로 이어진다. 역량과 시대정신이 있으나 운명이 따라주지 않으면 이 또한 미완으로 끝나게 된다. 역사적으로 위대한 리더는 역량, 시대정신과 운명의 접점에서 탄생했다. 이러한 세 가지 요소는 500년 전 서유럽이라는 시공간을 뛰어넘어 오늘날 우리나라의 리더들을 평가할 때도 유효한 관점을 제공해 준다.

## 제26장 필요에 의한 무력은 신성하다

: 야만족으로부터 이탈리아를 해방시키기 위한 조언

“

이탈리아인들은 이스라엘인들보다 더 예속돼 있고, 페르시아인들보다 더 억압돼 있으며, 아테네인들보다 더 흩어져 있습니다. 지도자도 없고, 체계도 없으며, 두들겨 맞고, 약탈당하고, 찢기며 짓밟혀 더없이 황폐한 상황에 처해 있습니다. 그런데 최근 한 인물을 통해 이들에게도 빛이 비쳤습니다. 그는 이탈리아인들을 구원하기 위해 신이 보낸 인물이 아닌가 생각되었습니다. 그런데 그 뒤 인생의 정점에 있을 때, 운명은 그만 그에게서 등을 돌리고 말았습니다.

오늘날 행운과 역량을 갖추고 신과 교회의 호의를 받고 있는 명예로운 가문인 당신의 집안만이 나라를 구원하는 데 앞장설 수 있습니다.

필요에 의한 전쟁은 정당한 것이며 무력 이외에 다른 희망이 없을 때 그것은 신성한 것입니다.

새 군주에게 새로운 법과 제도를 제정하는 것보다 더 명예를 드높이는 일은 없습니다. 법과 제도가 잘 자리를 잡고 위엄을 갖추게 되면, 군주는 존경받고 칭송을 듣게 됩니다.

”

1494년 샤를8세에 의해 메디치 정권이 붕괴되고 권력자로 부상한 수도사 사보나롤라의 시대는 1498년 그가 화형 당하며 끝났다. 이후 집권한 소데리니 정권은 1512년 메디치 가문의 조반니 데 메디치 추기경에 의해 축출되었고, 곧이어 조반니 데 메디치가 레오 10세 교황으로 선출되면서 메디치 정권의 기반은 탄탄해졌다.

앞에서 언급한 대로 소데리니 정권의 외교관으로 근무하였던 마키아벨리는 공직에서 쫓겨나고, 그 후 1513년에는 반메디치 협의로 투옥되는 시련을 겪는다. 석방 후 마키아벨리는 공직복귀를 위해 1513년 《군주론》을 집필하여 메디치 가문의 젊은 후계자 로렌초 데 메디치에게 헌정하려 했으나 무위로 그쳤다.

이런 배경에서 《군주론》의 마지막 대목은 로렌초를 이탈리아를 해방시키기 위한 원대한 비전의 구현자로 전제하면서 동 시대의 체사레 보르자를 역할모델로 부각시킨다.

"한 인물을 통해 이들에게도 빛이 비쳤습니다. 그는 이탈리아인들을 구원하기 위해 신이 보낸 인물이 아닌가 생각되었습니다. 그런데 그 뒤 인생의 정점에 있을 때, 운명은 그만 그에게서 등을 돌리고 말았습니다"란 대목이다. 체사레 보르자의 아버지가 교황 알렉산데르 6세였는데, 마침 메디치 가문의 조반니 추기경이 교황 레오 10세였던 점에서 유사성을 찾아 로렌초에게 세속적 권력과 종교적 권력을 모두 확보한 가문으로써 역량과 행운을 모두 갖추고 있어 적격이라고 설득하고 있다.

마키아벨리는 고대 그리스인들이 이민족을 모두 야만족Barbaroe로 통칭했던 것처럼 이탈리아에 세력을 뻗치는 프랑스, 에스파니아 등 외세를 모두 야만족이라고 불렀다. 그는 이를 격퇴하고 이탈리아를 통일하는 것을 시대정신으로 규정했고 이를 구현하는 자를 구세주라고 호칭했다.

하지만 정작 《군주론》은 홀대를 받았다. 1517년 정식으로 헌정하는 접견에서 피렌체 통치자 '우르비노 공작' 로렌초 데 메디치(1492~1519)는 특별한 관심을 보이지 않았고, 그나마 2년 후 27세로 병사하고 만다. 결국 《군주론》은 당대에 그 사상을 담아 세상에 구현할 도구를 만나지 못한 것이다. 하지만 이후 이 책은 권력자들에게 내밀히 읽혀지는 필독서가 되었고, 급기야 코페르니쿠스의 지동설과 함께 정치사상적으로 종교와 세속을 분리하는 근대정신의 출발점으로 자리 잡았다. 16세기 초반 유럽이라는 시공간을 뛰어넘어 21세기에도 유효한 고전의 반열에 오른 《군주론》은 헌정자에게 버림받음으로써 더 많은 추종자를 얻는 역설적 운명을 겪게 된다.

**생각정거장**

생각정거장은 매경출판의 새로운 브랜드입니다. 세상의 수많은 생각들이 교차하는 공간이자 저자와 독자가 만나 지식의 여행을 시작하는 곳입니다. 그 여정의 충실한 길잡이가 되어드리겠습니다.

클래식 브라운 01

단숨에 이해하는 군주론

**초판 1쇄 발행** 2015년 11월 1일
**초판 9쇄 발행** 2026년 1월 13일

**지은이** 김경준
**펴낸이** 허연
**편집장** 유승현

**책임편집** 김민보
**편집부** 정혜재 고병찬 이예슬 장현송 민경연
**마케팅** 한동우 박소라 김영관
**경영지원** 김정희 오나리
**디자인** 김보현 한사랑

**펴낸곳** 매경출판㈜
**등록** 2003년 4월 24일(No. 2-3759)
**주소** (04557) 서울시 중구 충무로 2 (필동1가) 매일경제 별관 2층 매경출판㈜
**홈페이지** mkbook.mk.co.kr **스마트스토어** smartstore.naver.com/mkpublish
**페이스북** @maekyungpublishing **인스타그램** @mkpublishing
**전화** 02)2000-2632(기획편집) 02)2000-2646(마케팅) 02)2000-2606(구입 문의)
**팩스** 02)2000-2609 **이메일** publish@mkpublish.co.kr
**인쇄·제본** ㈜M-print 031)8071-0961
**ISBN** 979-11-5542-355-4(04100) / 979-11-5542-354-7(SET)

책값은 뒤표지에 있습니다.
파본은 구입하신 서점에서 교환해 드립니다.